De l'Industrie

du

Livre Moderne

CONFÉRENCES

FAITES AUX

SOCIÉTÉS INDUSTRIELLES DE L'EST *(27 Mai 1905)*

ET DE MULHOUSE *(29 Novembre 1905)*

PAR

L. GEISLER

Menu

De l'Industrie

du

Livre Moderne

INTRODUCTION

La Société Industrielle de l'Est ayant eu l'amabilité de me confier le soin de faire une conférence à l'occasion d'une réunion provoquée pour fêter la bienvenue de son cinq-centième membre, j'ai pris pour sujet ce qui a fait l'objet des travaux de toute ma vie industrielle, qui terminait à peu près ce jour sa trentième année d'existence.

Pendant cette période, j'ai assisté à l'évolution radicale de l'Industrie du Livre.

J'ai débuté au moment où les inventions de Mitscherlich permettaient la fabrication du papier directement par le bois sans autre matière, où la Photogravure commençait à illustrer déjà les livres sans trop grands frais, où les progrès dans les machines donnaient une impulsion nouvelle à l'impression et au façonnage. J'ai enfin assisté à l'enfantement et coopéré à la mise en pratique de la Photographie en couleurs par les procédés indirects.

C'est cette révolution et les résultats qu'elle a amenés dans l'Industrie du Livre que j'ai pris pour objet de conférence.

Depuis le commencement du siècle, l'Industrie du Livre a dû se transformer, comme presque toutes les industries, pour satisfaire à la consommation toujours croissante.

Cette transformation, commencée vers 1828 avec la machine à papier, ne s'est accentuée sérieusement que depuis la Guerre de 1870 et n'a fini son évolution qu'avec la fin du xix· siècle, elle a abouti à une industrie que j'appellerai celle du Livre moderne.

L'Industrie du Livre moderne devait répondre au programme suivant :

1° Chercher des matières premières qui puissent permettre une production capable de satisfaire à la consommation toujours croissante du papier ;

2° Chercher des moyens permettant autant que possible de suivre pas à pas l'actualité ;

3° Trouver des procédés permettant d'illustrer les livres sans perte de temps et à bon compte et de leur donner l'aspect le plus engageant possible ;

4° Enfin, avoir des procédés de façonnage rapide permettant de brocher ou relier les livres aussitôt après impression.

La Société de Mulhouse m'ayant demandé de faire une conférence sur le même sujet, je me suis décidé à modifier la première partie, afin de donner plus d'extension à celle relative à l'illustration, qui avait paru beaucoup plus intéresser mes premiers auditeurs.

Dans cette plaquette, j'ai choisi dans l'une et l'autre des conférences ce qui était le plus étudié de chacune des deux, afin de la rendre le plus intéressant possible.

PAPIER

L E papier, au commencement du XIXᵉ siècle, était fabriqué feuille par feuille. Après le triage du chiffon, son délissage, son lessivage et sa transformation en pâte à papier à l'aide de piles à maillets, on versait cette pâte dans une cuve. L'ouvrier était muni d'un châssis en bois recouvert d'une toile métallique. Sur ce châssis, il posait un cadre. L'ensemble s'appelait une forme.

Le papetier, placé devant la cuve, y plongeait sa forme, la relevait couverte d'une nappe d'eau et de pâte dont l'épaisseur était réglée par le cadre, et laissait égoutter cette pâte en maintenant la forme bien horizontale et lui faisant subir un mouvement de va-et-vient destiné à faciliter le feutrage. Aussitôt que la pâte avait obtenu, par l'égouttage, la consistance voulue, le cadre était enlevé et l'ouvrier renversait la forme sur un feutre où venait adhérer la feuille de papier qu'il recouvrait d'un autre feutre.

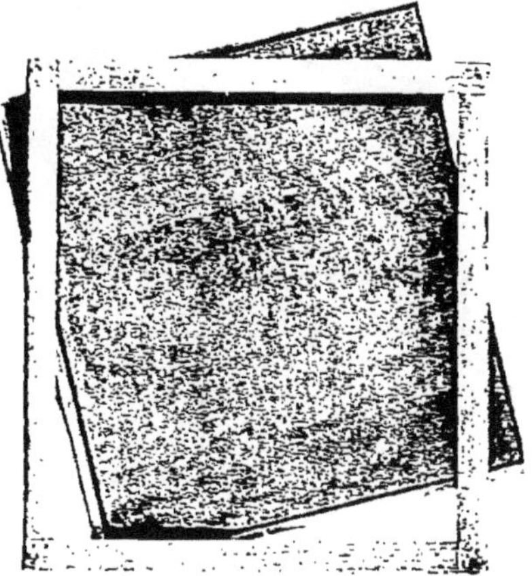

Forme.

Il recommençait ensuite à fabriquer d'autres feuilles de la même façon, jusqu'à ce que la pile, formée alternativement d'un feutre et d'une feuille,

Triage des chiffons.

Délissage des chiffons.

eût atteint la hauteur voulue.

A ce moment, la pile était serrée sous une presse ; puis un ouvrier la reprenait, couchait à nouveau le papier entre d'autres feutres secs, et cela jusqu'à ce que la feuille de papier eût obtenu la consistance nécessaire pour pouvoir être étendue et séchée. Le séchage se faisait sur des étendoirs où les feuilles étaient accrochées.

Après séchage, on collait le papier en le trempant dans un bain de gélatine et on le séchait à nouveau. Cette colle ne rendait imperméable que la surface du papier, ce qui, *après grattage*, le rendait impropre à l'écriture.

Si nous ne nous servons plus, comme nos pères, de la petite bouteille de sandaraque, avec laquelle on frottait le papier pour l'imperméabiliser après l'avoir gratté, cela tient au

Piles à maillets.

procédé nouveau de collage qui insolubilise la masse au lieu d'agir à la surface à la manière d'un vernis.

Après les opérations dont nous parlons plus haut, le papier était visité et satiné à l'agate, et, pour les grandes sortes, passé sous un marteau mû par une roue à came.

Sans vouloir m'étendre sur les anciens procédés de fabrication du papier, je ne puis m'empêcher d'en parler, puisque ces procédés ont eu leur beau temps dans les Vosges, où se trouvaient en grand nombre des papeteries à la cuve qui ont donné naissance à une partie de celles à la mécanique existant de nos jours. L'on voit encore, à Arches,

Fabrication du papier.

Collage du papier.

Triage et satinage.

une de ces papeteries qui fabrique le papier que nous appelons le papier de Hollande, bien qu'il soit des Vosges.

Satinage au marteau.

Dès 1828, on commença à fabriquer mécaniquement le papier. Ce changement dans le mode de fabrication eut pour premier résultat d'augmenter la production et d'amener aussitôt une pénurie de matière première. Tout d'abord, les papeteries n'usaient que de chiffon et principalement de chiffon de toile ; puis on employa tous les textiles végétaux, entre autres le coton, mais le nombre des machines augmentant toujours, le chiffon ne suffit plus. On utilisa les droguets en les traitant par des alcalis qui dissolvaient la laine. C'était un gros déchet.

On se mit à la recherche de nouveaux succédanés du chiffon ; au lieu d'employer les fibres toutes préparées, au lieu de n'utiliser comme matière première que des déchets dont aucun relèvement de prix ne pouvait faire augmenter la quantité disponible, on songea à fabriquer directement des celluloses en employant des plantes que l'on désagrégerait.

Celles qui s'offraient en plus grande quantité, la paille, le bois furent employées d'abord, et plus tard, l'alfa et la ramie.

La fabrication de la pâte de bois mécanique a pris naissance dans les Vosges, et les premiers essais ont eu lieu à la Papeterie du Souche, sous la direction de M. Journet, vers 1848.

Dès 1867, on pouvait voir à l'Exposition une fabrique de pâte de bois, dont l'exhibition fit sensation ; c'était un allemand du nom de Völter qui exposait cette fabrique, mais il en existait déjà en France et parmi elles, celle de la Papeterie du Souche et celle des Châtelles.

LA PATE DE BOIS

La pâte de bois s'obtient par trois procédés, ou plutôt trois sortes de procédés : les procédés

Défibreur à pression hydraulique.

mécaniques, les procédés mixtes, dits mi-chimiques, et les procédés chimiques.

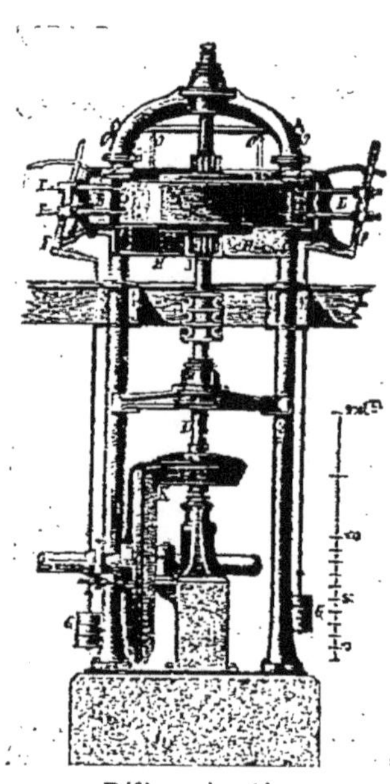

Défibreur à poids.

1° Le procédé mécanique est de beaucoup le plus économique ; il consiste à râper le bois au moyen d'un défibreur. Le principe de cet outil est le suivant : dans une boîte, dont un côté est ouvert afin de laisser passer la cerce d'une meule et le côté opposé garni d'un tiroir mobile mû par un appareil qui tend à pousser le tiroir contre la cerce de la meule, on place des bûches de bois préalablement écorcées et nettoyées de tout ce qui peut créer des

impuretés, tels que les nœuds, le cœur du bois,
les trous de vers, etc., puis on déclanche le fond
mobile qui vient presser les bûches contre la meule.
Celle-ci tourne à deux cents tours environ, elle a
de 1ᵐ30 à 1ᵐ50 de diamètre, et se trouve placée
au milieu d'un bâti contenant huit ou dix tiroirs ;

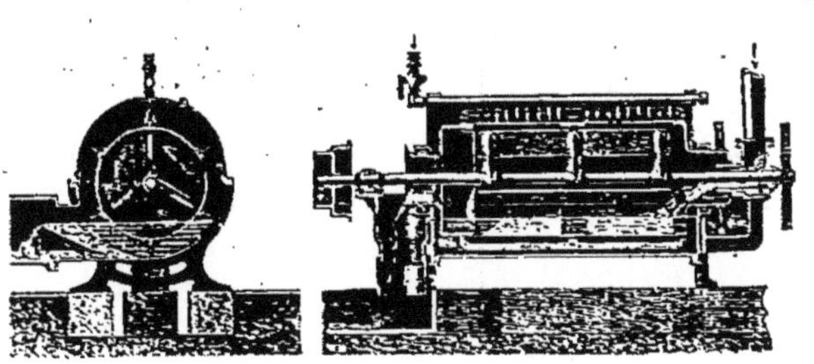

Classeur système Cuvier.

le bois se désagrège et les fibres sont détachées
par des jets d'eau qui viennent nettoyer la meule
après chaque passage devant un tiroir. Les parcelles
détachées sont alors conduites dans divers appareils ; celles trop grosses sont retenues dans un
tamis, celles aptes à la fabri-
cation sont entraînées vers
des égoutteurs permettant de
séparer la pâte de l'eau, puis
au presse-pâte ; enfin celles
formant des fibres grossières,
après avoir été au préalable
séparées dans un assortis-
seur, sont égouttées et raffi-
nées dans un appareil qui
ressemble à la meule de mou-
lin, à part la taille qui ne permet de raffiner qu'en fibre
longue au lieu de moudre en
un grain rond.

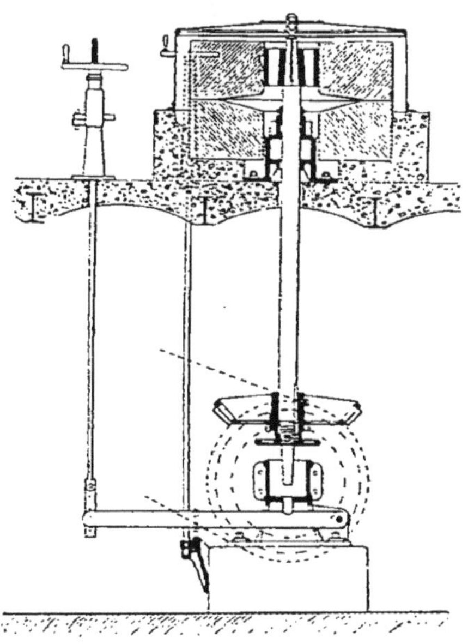

Raffineur.

2° Le procédé mixte fait subir au bois une préparation préalable, soit en cuisant les bûches à la vapeur soit à l'eau chaude, puis il le soumet aux mêmes opérations que le bois destiné à produire la pâte par le procédé mécanique. Nous n'avons pas à nous occuper de cette sorte de pâte de bois destinée aux emballages, car si elle est toujours de couleur foncée, elle est par contre très solide et d'un prix de revient peu élevé, qualités essentielles pour ce genre de papier.

3° Enfin, le procédé chimique qui permet d'isoler la cellulose en désagrégeant les matières

Lessiveur sphérique.

incrustantes du bois et pour lequel quatre opérations principales sont nécessaires :

a) Le bois est déchiqueté en petits cubes ;

b) Ainsi préparé, il est enfermé dans des chaudières et soumis aux agents chimiques ;

c) La cellulose est lavée et raffinée (ce qui en quelque sorte correspond en filature au cardage) ;

d) Elle est blanchie soit par l'ancien procédé à l'hypochlorite, soit par le procédé Hermitte avec régénération de l'agent blanchisseur par l'électricité.

La cellulose peut être désagrégée dans le bois par deux procédés, l'un dit acide, l'autre basique.

Ce procédé, le plus ancien, consiste ordinairement à traiter le bois par de la soude caustique dans des lessiveurs sphériques et mobiles sur deux axes horizontaux, afin de faciliter le déchargement et de permettre à la lessive de se mélanger plus intimement avec le bois pendant le traitement. Ce procédé, nécessitant l'élévation de la température jusque 200°, les chaudières sont soumises à des pressions plutôt dangereuses, étant donné qu'elles doivent avoir une dimension assez grande pour que l'opération soit rémunératrice ; enfin, à cette température, nécessaire pour dissoudre la vasculose et désincruster le bois, une partie de la fibre se trouve transformée en acétate et en formiate alcalin et de ce fait sur 60 % de cellulose on n'en récolte guère que la moitié, soit 30 %. Ajoutons qu'avec la nécessité de régénérer les lessives et de récupérer les soudes, la dépense en houille est très forte. Enfin, la fibre obtenue

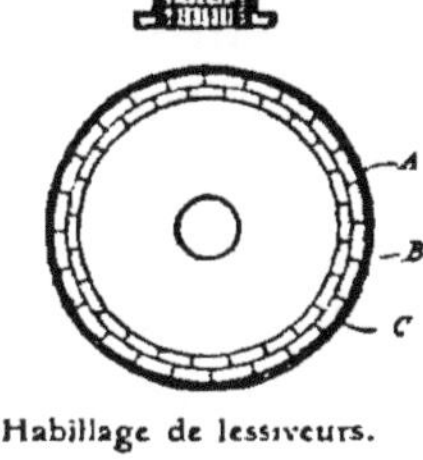

Habillage de lessiveurs.

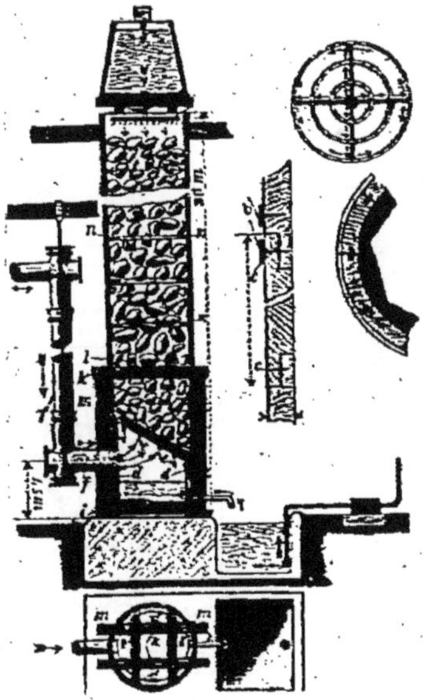

Préparation de l'acide sulfureux.

étant brune, il est presque toujours nécessaire de la blanchir avant de l'employer dans le papier. Par contre, on obtient une fibre fine, tenace, se rapprochant du chiffon et donnant un papier qui, pour me servir d'un terme de métier, est amoureux à l'impression.

Le procédé à la soude est également employé pour traiter les autres succédanés.

Parmi les procédés dits acides, on n'emploie plus que celui à l'acide sulfureux, dit au bisulfite. La découverte en est due à un savant allemand, Mitscherlich, qui le trouva en cherchant à extraire les glucoses du bois; il arriva que le résidu, ou plutôt ce qui dans le procédé devait être le résidu, devint le but de la fabrication. Le bisulfite s'obtient en brûlant des pyrites dont l'acide sulfureux vient attaquer des pierres calcaires continuellement lavées par l'eau. L'acide sulfureux transforme le calcaire en sulfite de chaux qui retombe en solution dans l'eau de lavage; celle-ci dissout en plus de l'acide sulfureux libre. Ce que l'on appelle communément du bisulfite est une solution de sulfite de chaux dans une solution d'acide sulfureux.

Le bois est traité à 130° dans des lessiveurs presque toujours verticaux, et qui ont de 3ᵐ50 à 4ᵐ50 de diamètre; étant donnée la nature de la lessive employée, les conduits, les

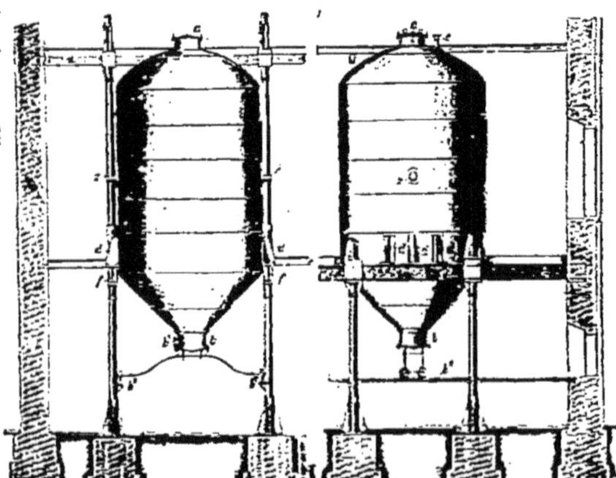

Batterie de lessiveurs.

Phototype BELLIESE, Nancy.

SOUS BOIS.

(Extrait de *Photo-Gazette.*)

robinets, les serpentins doivent être faits en plomb, les lessiveurs doivent être garnis. Au début ils l'étaient simplement en plomb, aujourd'hui on les garnit de briques en grès ayant leurs bords pourvus de languettes qu'on maçonne avec un enduit au plomb. Bien conditionnée, cette enveloppe protectrice est d'un très long usage.

Ce procédé donne une pâte très solide qui, employée seule, fournit un papier parcheminé. Cette pâte peut s'utiliser sans être blanchie, dans les papiers blancs ou de couleurs ordinaires et dans les papiers bulles. Elle a pour défaut de donner au papier beaucoup de transparence, mais possède la qualité de s'allier avec la pâte mécanique pour produire des papiers très bon marché et s'imprimant bien, même en photogravure. Je dirai même qu'avec ces deux produits, bien traités, on obtient des papiers qui donnent de meilleurs résultats à l'impression que les papiers de chiffon, et cela pour l'illustration en similigravure.

Quel que soit le mode de fabrication de la cellulose, on la lave et on la soumet à une désagrégation mécanique dans des piles semblables à celles qui servent à défiler et raffiner le chiffon. Ces piles se composent: 1° d'une cuve dont les parois latérales et parallèles se raccordent à l'extrémité par des courbes en demi-cercles. Sur le grand axe de cette cuve s'élève une cloison médiane verticale, interrompue à ses deux bouts, et qui

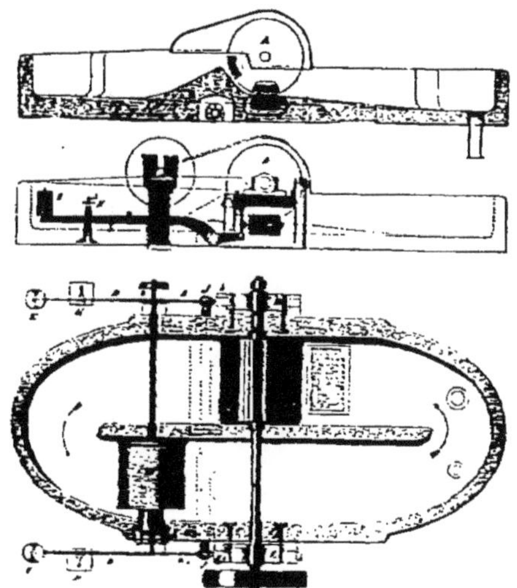

Raffineuse-laveuse.

ménage ainsi entre elle et les parois un circuit complet et d'égale largeur dans tout son parcours ; 2° d'un cylindre tritureur en fonte, dont l'axe repose perpendiculairement à la cloison, supporté par un système de bielles en fonte, mobile, autour d'un axe fixe. Ce cylindre est armé de lames d'acier disposées par paires et maintenues dans leur rainure par des coins en bois. Il a une vitesse de rotation variable suivant la nature de la fibre à pulper et généralement comprise entre cent et deux cents tours à la minute et tourne contre une platine composée de lames d'acier fixées dans le fond et encastrées entre des coins en bois. On y ajoute un tambour laveur, c'est-à-dire un tambour dont les parois sont faites avec une toile fine pour empêcher les fibres de passer.

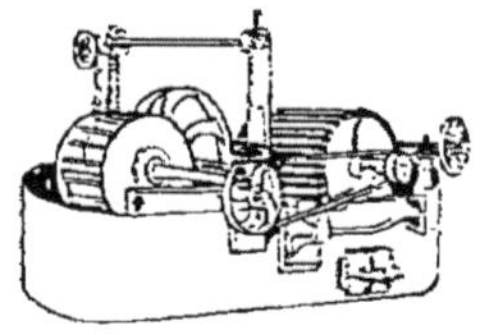

FABRICATION DU PAPIER

Les pâtes de bois, traitées chacune ainsi qu'on vient de le voir, n'ont pas grand besoin de préparations nouvelles avant de passer sur la machine à papier. Elles doivent être pourtant mélangées en quantité et en qualité variables, suivant la sorte de papier que l'on veut produire ; elle peut même y être mélangée au chiffon préparé de son côté, si on en emploie. Puis elles sont collées, colorées. Toutes ces opérations se font dans la pile raffineuse que nous venons de décrire et dans laquelle on peut au besoin compléter la préparation de la fibre.

Le collage se fait de la manière suivante : on saponifie de la résine avec de la soude ; cette résine saponifiée est dissoute, puis la solution versée dans la pile afin de la mélanger intimement à toute la masse des fibres. Cela fait, on précipite la résine dans la fibre avec du sulfate d'alumine, qui sert en même temps de mordant pour les colorations. Celles-ci se font généralement soit avec des couleurs d'aniline, soit avec du bleu de Prusse, du bleu d'azur, des jaunes de chrome et même des matières végétales tinctoriales.

La pâte étant alors prête, on la fait passer dans le cuvier de la machine à papier afin de la transformer.

La machine à papier se compose :

1° *D'un cuvier réservoir de pâte.* Dans ce cuvier tour-

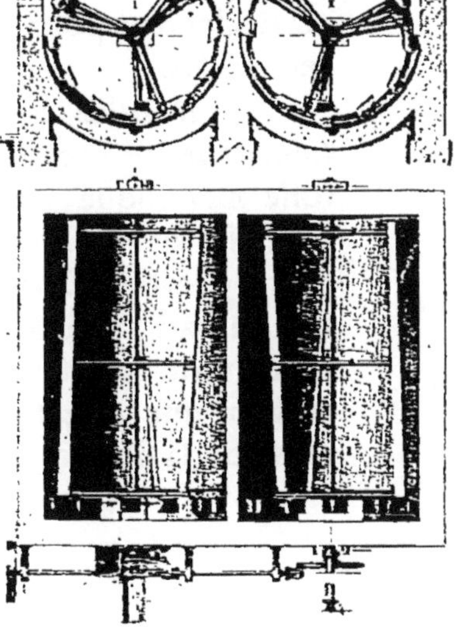

Cuvier.

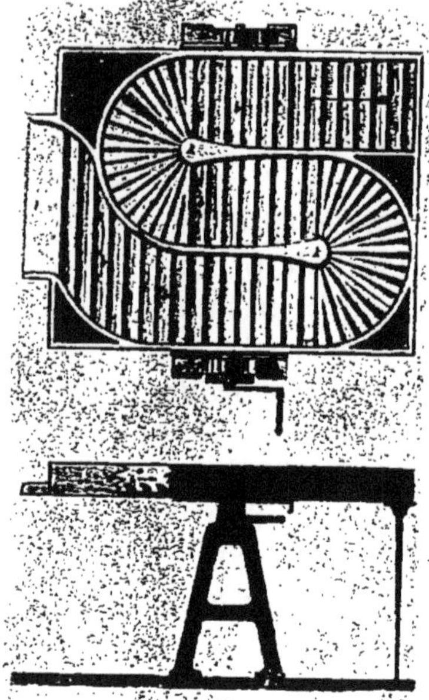

Sablier.

nent : 1° un agitateur qui empêche la fibre de se déposer et tient la masse homogène, pour éviter les variations dans le poids du papier ; 2° une roue à écopes qui vient déverser la pâte dans un bassin supérieur d'où elle s'écoule vers la machine. La roue à écope étant mue par le même moteur que la machine, il s'ensuit que la quantité de pâte déversée est toujours la même pour une course donnée, d'où fixité dans la force du papier.

2° *Des appareils d'épuration.*
D'abord un sablier. Le sablier est constitué d'un long chenal avec des chicanes dans lesquelles se dépose le sable ou les autres matières denses ; puis un épurateur, qui se compose d'un cadre dans lequel on place des plaques en bronze percées de fentes de trois à huit dixièmes de millimètres, selon la finesse de la pâte ; le tout est agité verticalement pour faire passer la pâte ;

3° *La table de fabrication.* Elle se compose d'une toile métallique sans fin sur laquelle arrive la pâte très claire. Cette toile se déroule sur un bâti animé d'un mouvement de va-et-vient pour donner une direction transversale à la fibre et constituer

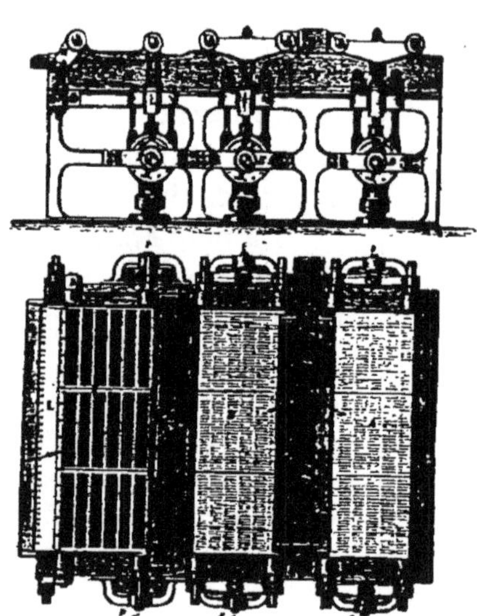

Épurateur.

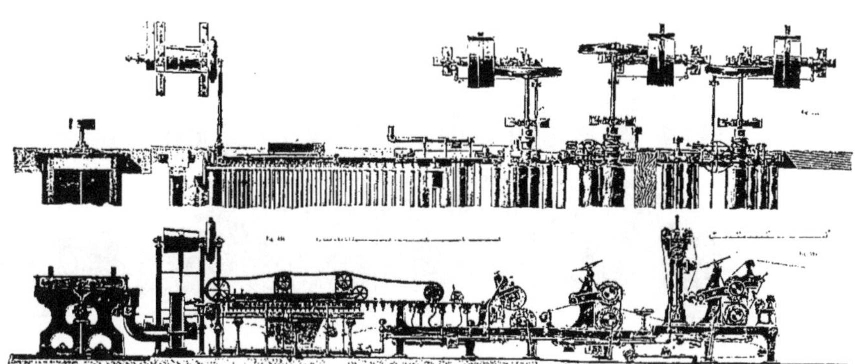

Tête de machine. Épurateur, toile métallique et presses.

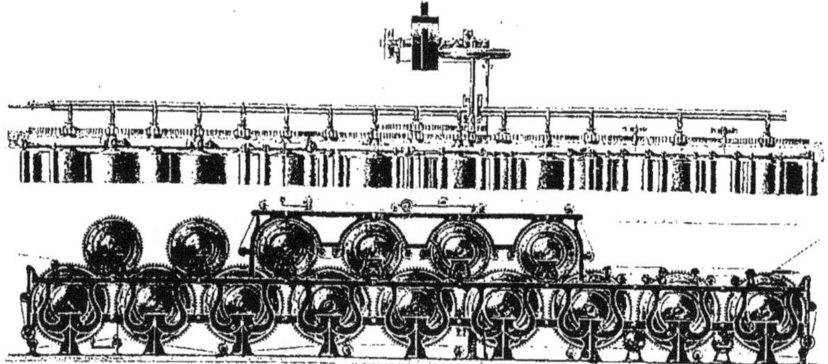

Sécherie.

un meilleur feutrage. Quand la pâte est à peu près égouttée, elle passe sur des caisses aspirantes qui achèvent de l'égoutter, puis sous une première presse, après quoi elle a la consistance suffisante pour être portée sur des feutres successifs qui la conduisent sous différentes presses où s'achève l'essorage ;

4° *La sècherie.* Elle est composée de cylindres chauffés à la vapeur sur lesquels on achève de sécher le papier. Au bout de la sècherie, le papier est mis en bobine.

Le papier fabriqué, on le satine dans des calandres qui ont jusqu'à dix ou onze rouleaux. Ces calandres, afin de ne pas noircir le papier, sont munies de rouleaux en fonte très dure, coulée en coquille et trempée, alternant avec d'autres rouleaux en papier comprimé. Le but des rouleaux en papier est d'absorber en quelque sorte les aspérités du papier, afin d'éviter les points noirs causés par l'écrasement de ces aspérités.

Enfin, on coupe le papier au format

Calandre.

Coupeuse.

voulu, si besoin, avec des coupeuses spéciales dans lesquelles la feuille de papier se déroule, attirée par une presse mue par des volants et développant toujours la même longueur.

Quand les papiers sont destinés à être réglés, ils sont livrés à des machines spéciales qui les rognent, les refendent et les règlent simultanément des deux côtés en une, deux ou trois couleurs.

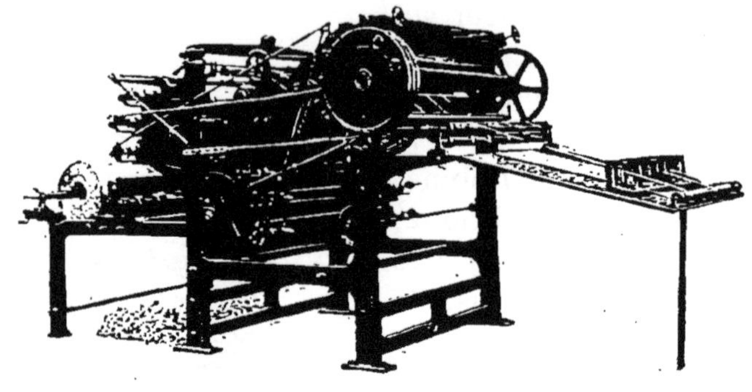

Machine à régler en bobines et coupeuse.

Ici se présente une question. Des esprits, que je taxerai de timorés, ont jeté un cri d'alarme sur la destruction hâtive du papier de succédanés.

Je ne crois pas que les papiers de cellulose chimique durent moins que ceux fabriqués avec des chiffons ; cette cellulose est pure, surtout quand elle est blanchie.

On ne peut objecter que la matière incrustante, en fermentant, amènera la fermentation de la fibre ; pour la bonne raison que la matière incrustante en est éliminée.

On ne peut admettre non plus que les produits chimiques ont fatigué la fibre, parce que le bois a été lessivé et blanchi ; ceci pour prouver que le papier de chiffon aura une durée plus grande, car la fibre des tissus a elle aussi été blanchie avant d'être amenée à la papeterie, et les tissus ont été lessivés, portés, usés, avant de passer à l'état de chiffon, et quand on les amène dans cet état à la papeterie, ils ont déjà été teints. Pour utiliser ce chiffon, dont la fibre a subi des lessivages, des blanchi- . ments, des teintures et de l'usure, on lui fait subir de nouveaux lessivages, blanchiments et la même trituration que la pâte de bois.

Pour la pâte de bois obtenue par procédés mécaniques, je serai moins affirmatif. On a dit que la résine serait cause de la destruction du papier; je n'en sais rien, mais je ferai remarquer qu'on incorpore de la résine dans le papier de chiffon lui-même pour l'imperméabiliser, et qu'alors ce dernier a bien des chances de courir, pour cette cause, les mêmes dangers de désagrégation.

Enfin il faut reconnaître deux destinées au papier.

L'une est de conserver, durant les siècles, les œuvres de mérite parmi les travaux de l'esprit et les productions de l'art; que l'on n'utilise donc à cet effet que des papiers de chiffon ou de matières durables, voire même des papiers à la cuve.

L'autre est employée à la publicité, à la propagande, sert à l'instruction, à la vulgarisation. C'est cet autre papier qui, sous mille formes, nous sert pour un instant; celui sur lequel on imprime le journal qui nous renseigne; le catalogue qui nous attire; le livre de classe qui n'a besoin que d'être bon marché, car les méthodes changeront, et son utilité cessera avant que le papier ne soit désagrégé; le prospectus qu'on lit et que l'on jette de suite au panier; les cahiers d'écoles, que les jeunes écoliers ne demandent qu'à changer, si ce n'est à les remplir.

Bien souvent le papier a duré plus longtemps que les opinions qu'il énonçait et certains candidats ont plutôt déploré le trop de durée des affiches que leur désagrégation trop lente.

Que demande-t-on à ce papier ? Le bon marché et un aspect propre, agréable ; on lui demande d'attirer notre attention un instant et de céder la place à d'autres.

Etant donné ce qui se publie, ne pensez-vous pas que si quelques parcelles s'en perdent il n'y aura pas grand mal ; ce qui a de la valeur sera réédité, pour le bonheur des ouvriers du livre. Si certains autres livres sont détruits, nous devons en être reconnaissants au papier de bois. Grâce à lui nos arrière-petits-enfants, ne connaissant que nos œuvres de mérite et non celles que je me dispense de qualifier ici, auront pour nous un peu plus d'estime.

Je termine ce chapitre en posant la question suivante : Vous qui ne voulez que du papier de chiffon, pourquoi recherchez-vous les papiers de Chine et du Japon ?

Je ne voudrais pas vous faire perdre votre belle confiance dans le Japon. Ce serait peut-être de bonne guerre, mais j'aimerais mieux vous donner un peu confiance dans le bois. Ce nous serait plus profitable à nous, producteur du papier de bois. Or, le papier du Japon est fabriqué avec l'écorce du caï-gio, arbre en forme de mûrier, qui se trouve en quantité dans les forêts du Yen-Bay et de Tuyen-Quang.

Le traitement des écorces s'opère dans un bain de chaux. Quand on retire les écorces du bain, on les passe, pour les ramollir, dans un four spécial analogue à un four à chaux. On fabrique le papier à la forme.

Quant au papier de Chine, il est fait avec l'écorce du bambou, surtout dans certaines provinces; on emploie aussi l'écorce du mûrier. Vous voyez que le chiffon n'est pas seul à fournir les matières premières des papiers, même de luxe et que le bois a des qualités spéciales pour donner de belles impressions.

BARYTAGE

Le papier enfin fabriqué, on a été amené à l'enduire d'une couche le rendant absolument lisse afin qu'il soit apte à être imprimé en similigravure. C'est l'opération du couchage, appelée aussi barytage.

La substance la plus employée est, en effet, le blanc de baryte ou sulfate de baryte précipité.

C'est une matière très blanche, bien couvrante, mais elle a l'inconvénient de peser trop lourd. Aussi est-elle la plupart du temps mélangée de kaolin, de sulfate de chaux précipité et d'autres blancs à composition plus ou moins secrète. On fait avec toutes ces matières une sorte d'enduit en les mélangeant soit à des colles gélatines, soit à de la caséine ou tout autre agglutinant, et tout l'art consiste à combiner le collage de telle façon que la couche adhère solidement au papier sans que les particules de la matière couvrante se trouvent enrobées par la colle et perdent, par là même, leur affinité naturelle pour les substances grasses de l'encre d'imprimerie.

L'opération se fait sur les bobines sortant de la machine à papier. Sur chacune des faces la couleur se trouve déposée par un feutre sans fin, égalisée par de larges brosses. L'opération du séchage demande de 25 à 30 minutes, pendant lesquelles le papier, suspendu par poches successives, qui se forment

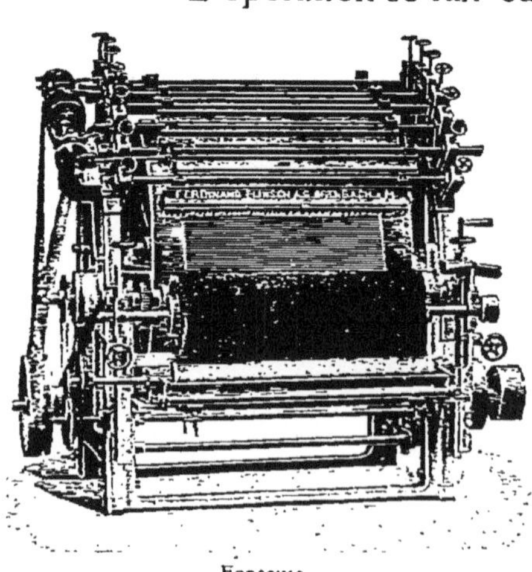

Fonceuse.

automatiquement grâce à un mécanisme ingénieux,
fait le tour d'une vaste salle convenablement chauffée et ventilée.

Les machi-
nes modernes
peuvent cou-
cher, d'un côté,
5o kilomètres de
papier par 24 heu-
res, ce qui corres-
pond à 3,000 kilo-
grammes de papier.

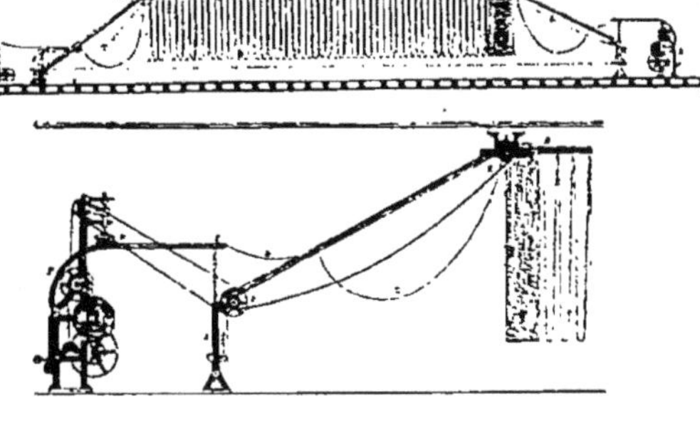

Il ne reste plus
qu'à laminer l'enduit ainsi formé pour avoir une
surface parfaitement unie et apte à recevoir l'impression.

Le papier ainsi préparé s'emploie pour les
impressions de photogravure; c'est lui qui sert
à imprimer les journaux illustrés par les procédés
photographiques, dont nous vous entretiendrons
tout à l'heure.

La fabrication moderne du papier n'avait qu'à
se préoccuper de faire face à la consommation toujours croissante.

Les nouveaux procédés servant à la fabrication
des succédanés du chiffon permirent d'augmenter
la production de la matière première au fur et à
mesure de l'extension de la production du papier.

Quant aux machines servant à le fabriquer, non
seulement on en a augmenté le nombre, mais on en
a augmenté la vitesse dans des proportions consi-
dérables. Les vieux conducteurs de machines à
papier, quand ils arrivaient pour s'engager et vou-
laient se vanter, disaient, en enflant la voix : « Je
connais la machine à papier; j'en ai conduit qui

allaient à cent pieds de vitesse. » Aujourd'hui, qu'on a agrandi les toiles métalliques pour faciliter l'égouttage, on a augmenté beaucoup le diamètre et le nombre des presses et des sécheurs, ce n'est plus à cent pieds de vitesse qu'on arrive, mais à cent mètres pour les papiers à journaux.

IMPRESSION

Si le papier a suivi la consommation simplement en augmentant les moyens de production,
l'imprimerie a une tâche bien plus ardue que la
papeterie. Il fallait surtout arriver à une vitesse de
production telle que nous fussions à même, pour
ainsi dire, de publier les événements au fur et à
mesure qu'ils se produisent.

Les premiers efforts dans ce genre ont été réali-
sés par le *New-York Hérald*, et ce fut une chose
exceptionnelle qui attira l'attention de tout le
monde ; je dirai même qui amena une révolution
dans le Landerneau de la presse. Il s'agissait de
la publication du discours prononcé en 1866, par le
roi Guillaume, à l'ouverture de la session parlemen-
taire. On attendait avec impatience ce discours, qui
allait dévoiler les intentions de la Prusse à l'égard
de l'Autriche. Or, le *New-York Hérald* publiait à
New-York, deux heures après qu'il était prononcé
à Berlin, ce discours qui avait dû traverser les
mers par le télégraphe et être composé et imprimé.

Aujourd'hui, cette chose qui a forcé l'admira-
tion — je dirai presque de l'univers entier — qui a
été faite dans un but de réclame monstre, cette
chose, dis-je, est devenue absolument ordinaire et
se fait couramment. On a trouvé les moyens de
produire assez vite pour suivre pas à pas l'actualité.
Le public veut être renseigné presque immédiate-
ment sur les événements qui se déroulent dans le
monde entier et dont l'électricité transmet instantanément les comptes rendus. De plus, il ne se con-
tente plus de la description ; il lui faut aussi des
illustrations qui l'intéressent.

Nous allons voir comment les méthodes d'impression ont résolu ce problème.

L'impression nécessite une opération préliminaire appelée la composition. Pour celle-ci, l'ouvrier typographe, muni d'un composteur, place les lettres l'une à côté de l'autre, de manière à former les mots.

Compositeur.

Toutes ces lettres, provenant de fonte, sont rangées et classées méthodiquement dans ce qu'on appelle une casse. Le composteur donne automatiquement, pour ainsi dire, la justification, c'est-à-dire la largeur de la ligne à composer. L'ouvrier, après avoir à peu près terminé une ligne, répartit des espaces (petites barres en plomb) entre chaque mot jusqu'à ce que la ligne soit bien ajustée dans le composteur ; c'est ce qu'on appelle justifier. Ceci a pour but de donner une mesure uniforme à toutes les lignes d'une page pour qu'un équerre régulier en crée l'harmonie.

Voilà la composition comme elle existait et comme elle existe même encore en ce moment-ci dans la plupart des imprimeries.

On rencontre des ouvriers très habiles qui peuvent faire jusqu'à 56 lignes à l'heure, dans les journaux.

Mais la question de la composition mécanique s'imposait au point de vue de la vitesse.

Cl. Belin.

CONFÉRENCE A L'INSTITUT CHIMIQUE, A NANCY, LE 6 MAI 1905.

(Instantané au magnésium).

On l'a résolue en partie avec les machines à composer. Je vous parlerai à ce sujet de la *Linotype*.

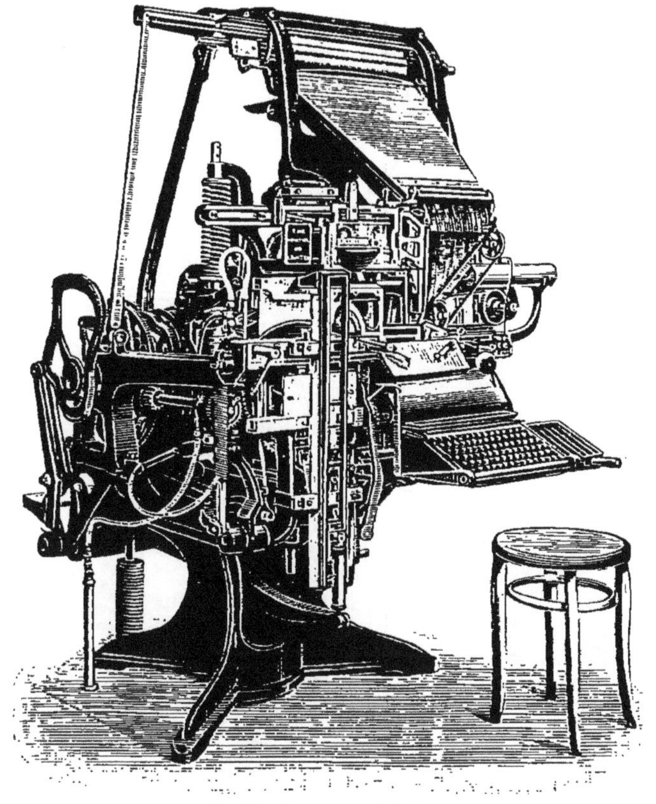

Machine à composer *Linotype*.

La Linotype est une machine à composer à
l'aide d'un clavier analogue à celui des machines à
écrire ; chaque fois que l'opérateur appuie sur une
des touches, il fait descendre une matrice, c'est-
à-dire une pièce qui porte l'empreinte en creux
de la lettre correspondant à la touche. (A chaque
fin de mot, il presse sur la touche correspondant
aux « espaces » qui doivent séparer les mots en
produisant un blanc dans l'impression).

Un magasin qui se compose de quatre-vingt-dix rainures contient dans chacune d'elles une

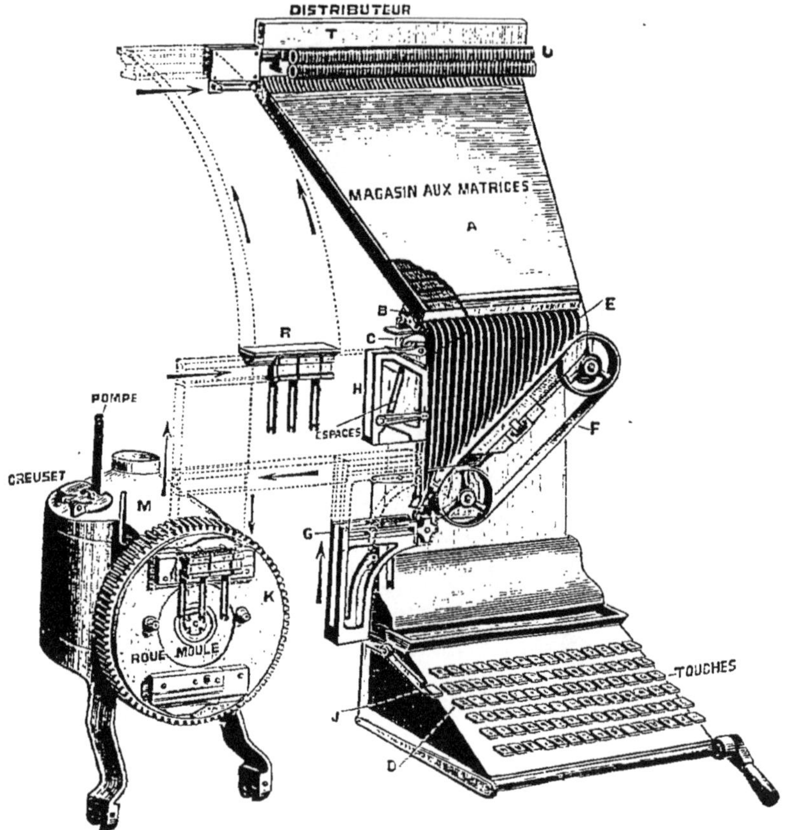

matrice spéciale plusieurs fois répétée. Ces rainures, un peu plus larges du haut que du bas, donnent au magasin la forme d'un trapèze A. Les espaces sont placées dans le magasin situé à droite, d'où elles tombent dans le composteur.

Au bas de chaque rainure, et fixé à la paroi inférieure du magasin, est disposé un double échappement dont les deux becs, pénétrant dans la rainure, arrêtent, en les isolant l'une de l'autre, la première et la deuxième matrice et, par le même moyen, les suivantes. Chaque coup de doigt sur la touche produit la même manœuvre d'échappement.

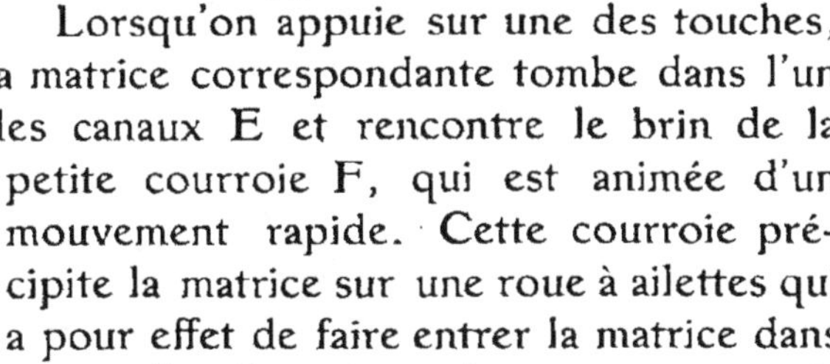

Matrice.
a) Œil de la lettre.
b) Dent de suspension pour conduite dans le distributeur.

Lorsqu'on appuie sur une des touches, la matrice correspondante tombe dans l'un des canaux E et rencontre le brin de la petite courroie F, qui est animée d'un mouvement rapide. Cette courroie précipite la matrice sur une roue à ailettes qui a pour effet de faire entrer la matrice dans le composteur G. Quand ce dernier contient la quantité de matrices nécessaires pour faire la ligne (une sonnerie annonce que la ligne est presque pleine), l'ouvrier appuie sur le levier placé à droite de l'appareil, ce qui soulève le composteur et le place en regard d'un conduit horizontal représenté par les pointillés et la flèche à gauche. Son arrivée déclanche un levier qui pousse les

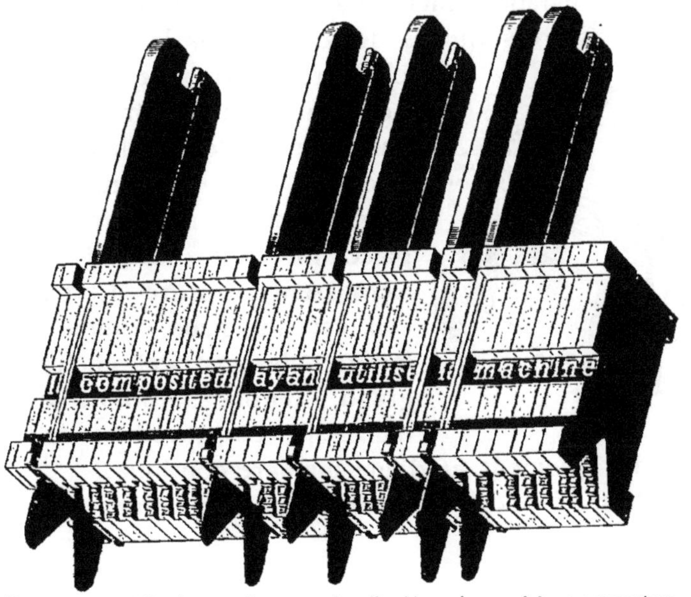

Matrices rassemblées formant ligne avec lamelles biseautées produisant automatiquement l'espace entre les mots.

matrices à gauche et débarrasse le composteur. Celui-ci revient en place et l'ouvrier, sans désemparer, recommence la ligne suivante.

Les « espaces » qui se mettent entre les mots pour produire les blancs sont des lamelles plus longues que les matrices et biseautées, ce qui permet en les remontant automatiquement de justifier la ligne, c'est-à-dire de lui donner la largeur voulue.

Cette justification se fait devant le moule, auquel adhère un creuset contenant du métal en fusion et, au milieu, une pompe qui chasse le métal dans le moule, où il se

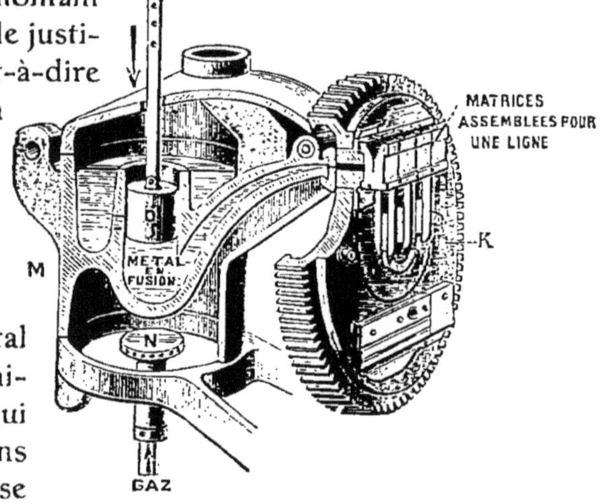

solidifie instantanément. La roue portant la matrice fait alors trois quarts de tour. Dans le trajet, le cliché rencontre une lame de couteau dont le tranchant affleure exactement le cliché pour le régler de hauteur ; puis il est poussé sur une galée où toutes les lignes s'entassent en ordre. Le travail est fini, mais comme il faudrait des matrices en très grand nombre si on ne les reclassait, ce travail se fait

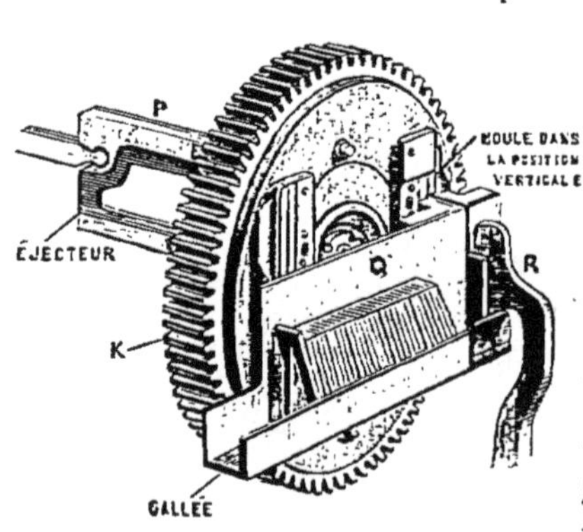

automatiquement et d'une manière continue.

Pour résoudre ce problème, les plaques sont

amenées jusqu'au distributeur, dans lequel elles s'engagent l'une après l'autre. La barre T du

Ligne coulée.

distributeur est taillée de manière à ce que les matrices s'y suspendent au moyen de dents. Trois vis les font mouvoir de gau-che à droite. On conçoit que si, en un point quelconque de la barre T, certaines nervu-res qui soutiennent les ma-trices sont interrompues, la matrice qui se trouvera n'être pourvue que des nervures sectionnées à cet endroit, retombera dans la rainure correspondante et se trouvera classée. C'est grâce à cette mise en place constante et auto-

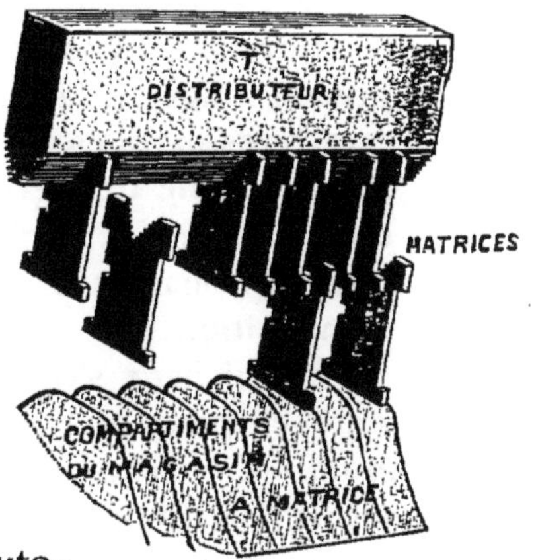

matique des matrices que la composition se conti-nuera sans interruption.

Pour établir le rendement d'une linotype il me suffira de considérer ici le résultat du concours de linotypes organisé par le *Courrier du Livre*, et qui a donné pour dix-sept concurrents, ayant deux ans de pratique, une moyenne de 8092 lettres composées à l'heure, tandis qu'un compositeur à la casse ne peut guère lever que 1500 à 2000 lettres dans le même espace de temps.

La contre-partie de ces avantages sérieux con-siste dans la difficulté de varier la justification des

lignes quand il s'agit, en terme de métier, d'habillage, c'est-à-dire de composer en suivant les
contours des gravures. Un autre désavantage,
c'est que la correction d'une lettre entraîne toujours
la réfection complète de la ligne. Enfin, on ne
peut se servir des linotypes que pour des travaux
courants, car on ne peut changer de caractères
autant qu'il est nécessaire pour les travaux de
fantaisie. A côté de ces aléas, il faut signaler le
grand avantage que donne la linotype en permettant d'imprimer toujours sur caractères neufs.

Lorsqu'on a composé à la main et qu'il s'agit de
grands tirages à faire, soit pour éviter l'usure des
caractères mobiles, soit pour multiplier la composition initiale de façon à utiliser toute la surface
d'impression à la machine, soit même pour tirer sur
plusieurs machines à la fois, on peut clicher la
composition.

Le clichage s'opère de deux façons : pour le
texte et pour le trait, on emploie le clichage en
plomb. Ce clichage consiste à prendre l'empreinte
sur un flan. On appelle ainsi une série de feuilles de
papier superposées en y intercalant une colle
mélangée de kaolin et magnésie. Le clicheur con-
serve le flan entre des feuilles de métal, afin qu'il ne
sèche pas entre le moment où il est préparé et celui
où il doit servir ; quelques heures au moins sont
nécessaires pour que le papier se trouve matricé et
qu'il puisse de cette façon avoir la souplesse qui lui
permet de s'incruster dans les interstices ou les
creux des caractères. Ceci fait, on prend l'empreinte. A cet effet, l'ouvrier étend le flan sur la
composition serrée dans un châssis et le frappe
bien à plat avec une brosse, de manière à le faire
entrer dans les interstices des caractères. Puis il

remet une couche de son mélange de colle et de plâtre et une feuille de papier, rebat son flan avec la brosse et ainsi de suite, jusqu'à ce que l'envers

Clicheur prenant empreinte.

reste à plat, c'est-à-dire qu'on ne voie plus les saillies des caractères à travers le flan. A ce moment, tous ceux-ci sont moulés. Ceci fait, il amène composition et flan sur une plaque de presse chauffée, serre la presse et laisse sécher. L'empreinte sèche se met dans un moule qui, à l'aide de réglettes, donne la hauteur voulue, et on coule dessus l'alliage en plomb, étain et antimoine appelé métal d'imprimerie.

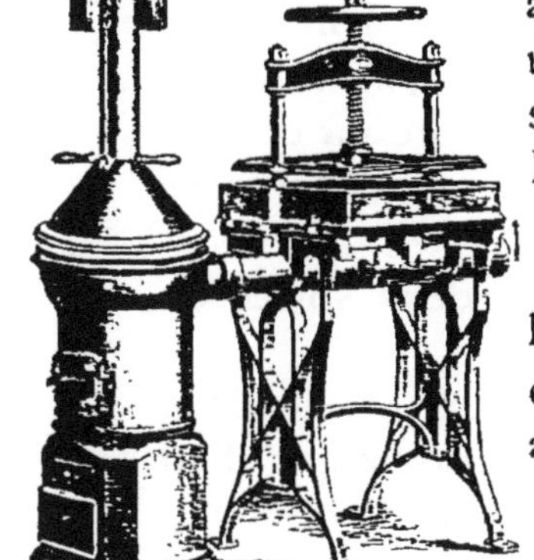

Presse à sécher reliée à un creuset à fondre.

La coulée étant refroidie, on ouvre le moule, et après avoir retiré le cliché, on détache l'empreinte qui peut servir à nouveau car le plomb n'a pas brûlé le papier.

S'il s'agit de pages illustrées, on emploie la galvanoplastie. Je ne m'étends pas sur cette mé-thode que tout le monde connaît, tandis que la première, quoique vieille, n'est connue que des gens de métier.

La composition et le clichage terminés, on passe au tirage.

Je me réserve de parler d'abord du tirage et de ne traiter qu'ensuite de l'illustration du livre, voulant donner à ce dernier sujet toute l'extension qu'il comporte.

Coulage d'un cliché.

Je ne dirai rien des presses rotatives. Celles-ci n'ont servi jusqu'ici qu'à l'impression de journaux dans le cas de tirage à grand nombre. Elles peuvent imprimer jusqu'à 25.000 à l'heure, mais malgré de nombreux essais, elles n'ont encore pu donner de travaux bien finis et ont dû se cantonner dans des impressions courantes.

Le livre illustré s'imprime sur deux sortes de machines :

La première, dite machine en blanc, est destinée aux travaux les plus soignés et n'imprime que d'un côté à la fois. Il est nécessaire avec cette machine, après avoir imprimé le premier côté, de laisser sécher le tirage ; puis seulement de repasser la feuille de papier pour imprimer le verso. On est donc assujetti à un double travail.

La seconde machine s'appelle machine à retiration. La forme du recto est placée du côté du
premier cylindre de la machine, la
forme du verso est placée du côté du
second cylindre. Dans
son mouvement de va-
et-vient, le papier,
pris par le
premier cy-
lindre, vient
s'imprimer
sur la forme
du recto ;
le cylindre
continuant
à tourner,
l'extrémité

Machine en blanc.

de cette feuille de papier arrive en face des pinces
du second cylindre ; à ce moment celles-ci se
retournent, saisissent la feuille de papier, et l'en-
traînent en sens contraire pour l'imprimer au verso,
pendant que la forme de ce côté passe sous le
second cylindre.

Il est facile de concevoir que les deux impressions se faisant presque simultanément, il est nécessaire de ne pas
donner trop d'ou-
verture à l'en-
crier, et par
conséquent de
ménager l'en-
crage, ce qui
est toujours
une combinai-
son défec-

Machine à retiration.

tueuse pour arriver à toute la richesse d'impression que peut donner la typographie.

En effet, pendant que le second côté s'imprime, le premier côté se trouve serré sur le cylindre. Si l'encrage était trop abondant, en passant sur le second côté, il se formerait nécessairement des bavures au premier côté et surtout des maculatures dues à l'encre se déposant sur le second cylindre.

On a obvié à cet inconvénient en se servant de ce qu'on appelle des « décharges », c'est-à-dire que l'on fait passer, en même temps que la feuille à imprimer, une feuille qui vient s'enrouler sur le deuxième cylindre, au-dessous de cette feuille à imprimer, mais il n'en est pas moins vrai que cette feuille reçoit une partie d'encre qui avait servi à l'impression du premier côté ce qui contribue à lui donner une impression grise, c'est-à-dire moins agréable, moins belle que les impressions données par la machine en blanc.

Dans celle-ci on peut installer plus facilement ce qu'on est convenu d'appeler l'encrage cylindrique. L'encrier, dans ce cas, se compose d'une série de rouleaux se déroulant l'un sur l'autre, celui du haut, prenant l'encre, les intermédiaires la distribuant, c'est-à-dire l'étendant, et ceux du bas encrant les formes.

Dans l'encrage plat, l'amenée de l'encre se fait à l'aide d'un rouleau qui la prend à l'encrier et la dépose sur le plateau ; des rouleaux distributeurs viennent ensuite la répartir sur ce plateau, où les rouleaux encreurs viennent la récolter pour en couvrir les caractères. Il s'ensuit que la première partie de la forme est encrée, tant

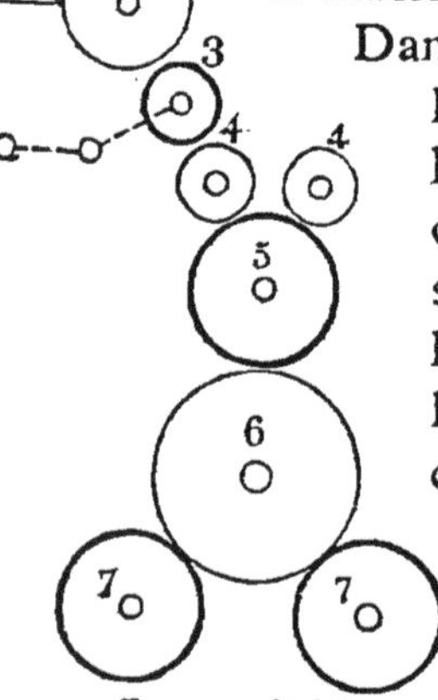

Encrage cylindrique.

que les rouleaux n'ont pas fait un tour entier, mais
aussitôt que ce premier tour est fait, ceux-ci étant
en partie dé-
pouillés, l'en-
crage s'appau-
vrit et devient
mauvais, tandis
qu'à l'encrage
cylindrique,

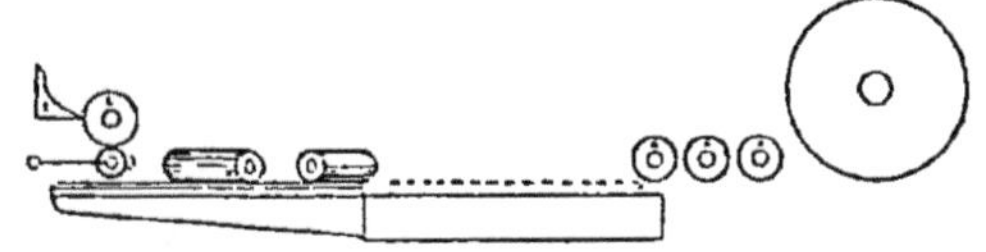

1 Encrier. — 2 Cylindre de l'encrier. — 3 Preneur. — 4, 4 Cylindres distributeurs en fer.
5 Table-encrier. — 6, 6, 6 rouleaux toucheurs.

Encrage à plat.

les rouleaux toucheurs ou ceux servant à encrer
la forme étant toujours en contact avec l'encrier
par le distributeur, ils se réencrent automatiquement d'un côté pendant que, de l'autre, ils encrent
la forme ; ils restent constamment fournis d'encre
et peuvent donner un encrage régulier d'un bout
à l'autre ; ce sont toutes ces raisons qui, malgré
la plus grande cherté du travail sur machines
en blanc, les ont fait adopter par tous les impri-
meurs qui font des travaux de luxe.

Pour les travaux en couleurs, ils sont même
exclusivement adoptés, surtout dans le cas, dont
je vous donnerai la description, où il s'agit de superposer les couleurs.

On utilise des machines à très grand développe-
ment dans lesquelles au lieu de faire un seul
tour le cylindre en fait deux, de manière à passer
successivement sur une forme encrée à un bout de
la machine d'une couleur, et sur une forme encrée
à l'autre bout d'une autre couleur. Il est évident
quand il n'y a pas de superposition et qu'il n'y a
que juxtaposition, que les couleurs ne se mélangent
pas et qu'on peut économiser une marge sur deux,
grâce à cette sorte de machine, mais en cas de
superposition, les couleurs se mélangent, se ma-
culent et l'on obtient de mauvais résultats.

Avant de quitter l'impression, je veux dire un mot d'un procédé employé dans les arts graphiques.

C'est la lithographie ou impression sur pierre obtenue sans creux ni relief. Elle est basée sur ce principe que les pierres ou certains métaux, quand ils sont préparés, retiennent l'humidité ; or, toutes les parties de la pierre qui sont humides refusent l'encre. On voit donc que, par ce moyen, on peut avoir des impressions.

Je parle de la lithographie, pour pouvoir rendre hommage à Godefroy Engelmann et rappeler ses travaux pour le perfectionnement de ce procédé.

Cet enfant de Mulhouse a introduit en France ce mode d'impression, et en a obtenu des résultats vraiment artistiques, on n'a pas dépassé en valeur les ouvrages qui sont sortis de ses presses. A ses recherches, nous devons des perfectionnements que chacun a adopté par la suite.

Le papier sortant de l'impression est envoyé au façonnage pour être broché. Dans beaucoup de cas, lorsque le temps ne presse pas ou qu'il faut employer des moyens économiques, on se sert des machines qui plient le papier mécaniquement.

Pour d'autres cas, tels que pour les illustrés très soignés, tirés

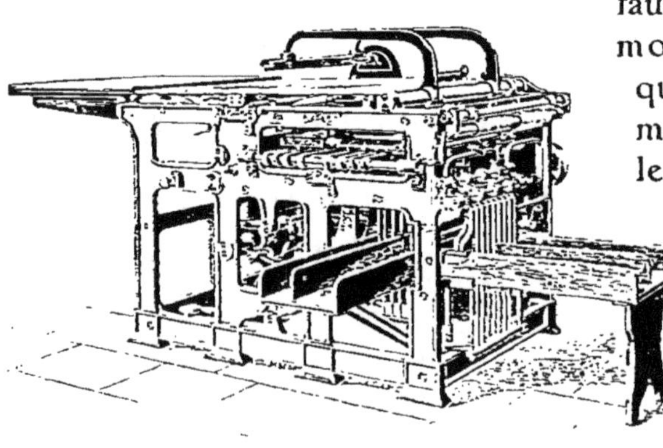

Machine à plier.

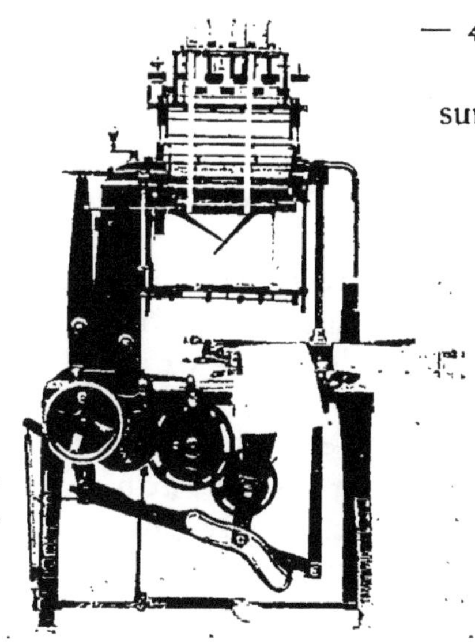

Machine à coudre au fil de coton.

sur papier baryté, on plie de préférence à la main, travail évitant le maculage, tout en satisfaisant aux exigences de l'actualité, pour peu qu'on ait un espace assez grand pour loger un nombre suffisant d'ouvrières.

Après le pliage, les publications « Illustration », « Revue Théâtrale » formées d'un seul cahier comportant plus ou moins de feuilles, sont mises sous couvertures et piquées simplement au fil métallique ou au fil de coton sur des machines telles que celle que je vous présente.

Elles sont susceptibles de coudre de 1.000 à 1.500 cahiers à l'heure. — Les magazines tels que : « La Lecture pour Tous », « Je sais Tout », les romans ou brochures, sont d'abord assemblés par cahiers, puis brochés à l'aide de machines spéciales et mis sous couvertures.

Le travail est terminé.

Le livre que l'on présente au public trouvera la vogue ou retournera aux fabricants de papiers sous forme de lamentables bouillons.

Machine à coudre au fil métallique.

L'ILLUSTRATION

PAR LA PHOTOGRAPHIE

Je reviens à l'illustration. Je l'ai réservée pour la fin, désirant lui donner une importance que justifie

Inauguration de l'Institut chimique de Nancy.

l'emploi de la photographie, c'est-à-dire de procédés nouveaux. De plus, qui parle de photographie dans un auditoire de 50 personnes, s'adresse — et dans mon estimation je ne crois pas être trop optimiste — au moins à 25 photographes amateurs.

La Presse illustrée emploie d'une façon continue pour ses faits divers l'appareil photographique. C'est le *vade mecum* de tout reporter. On a pris l'habitude de ne pas citer un fait divers sans l'illustrer de quelques photographies qui vous renseignent tellement bien, qu'avec un peu d'imagination, on croirait avoir assisté à l'événe-

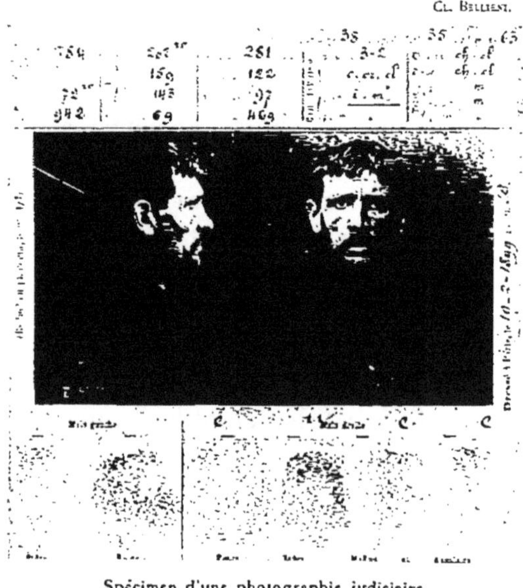
Spécimen d'une photographie judiciaire.

ment relaté. En second lieu, nous avons la photographie judiciaire. C'est à elle que nous sommes redevables de la possibilité de cataloguer les criminels, afin de les reconnaître en cas de récidive ou de les rechercher en cas de fuite. Le service qui a été créé par M. Bertillon, et imité dans presque tous les états européens, a résolu ce problème.

La photographie vient aussi en aide à la justice dans les constatations suivant la découverte du crime.

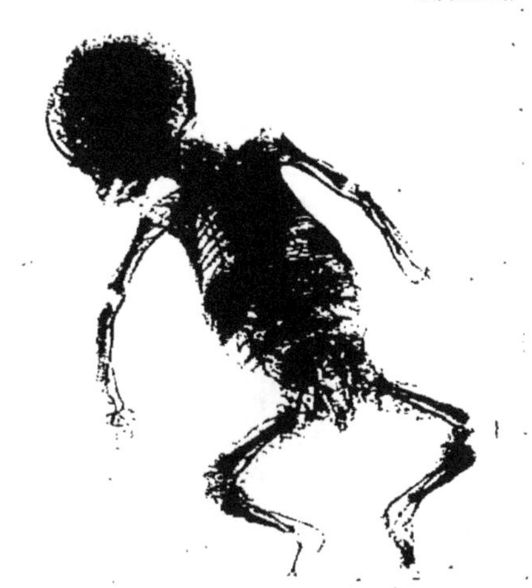

Corps humain radiographié par le docteur Guillon.

Le médecin a fait son profit de la photographie, tant pour les documents que pour la recherche des lésions intérieures, recherches qui sont rendues possibles avec la radiographie.

Grâce aux travaux du colonel Laussedat, la photographie a eu ses applications en topographie. — La photographie en ballon et à l'aide du cerf-volant a son application dans les reconnaissances militaires, elle permet de prendre des documents en peu de temps sur la fortification d'une place attaquée.

Tous les observatoires sont occupés à exécuter des

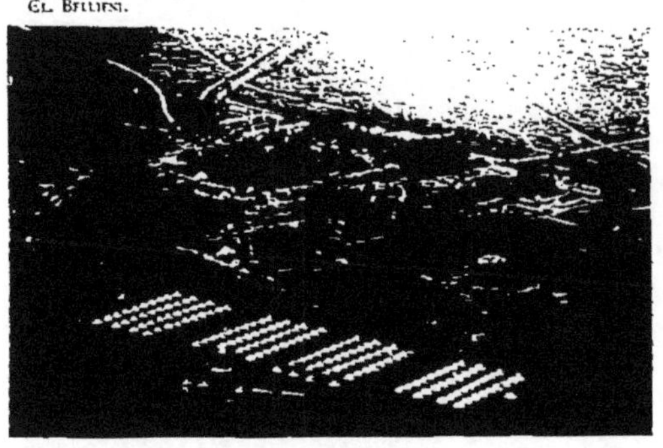

Le camp de Châlons (vue prise en ballon).

cartes du ciel et des planètes.

La photographie apporte une aide puissante au micrographe, à l'histoire naturelle et à la physiologie.

Je n'irai pas plus loin sans donner aux amateurs le moyen de faire de la micrographie, pour peu que vous ayez un microscope. Vous n'avez qu'à l'installer, ainsi que le montre ce dispositif ci-contre, inventé par M. Bellieni, et dont vous venez de voir les résultats.

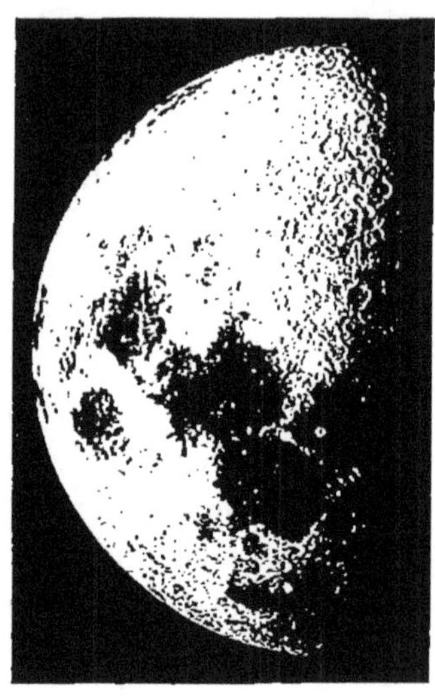

Photographie de la lune.

L'inventaire des richesses artistiques d'un pays n'est complet qu'avec les photographies de ses monuments et des peintures et statues que contiennent surtout nos musées et les collections particulières où le public est admis.

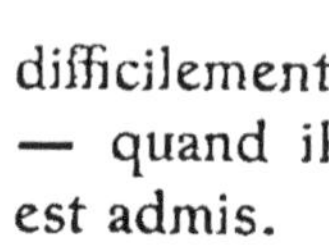

difficilement — quand il est admis.

Tout le monde connaît les travaux de Marey. L'étude du mouvement a eu des résultats

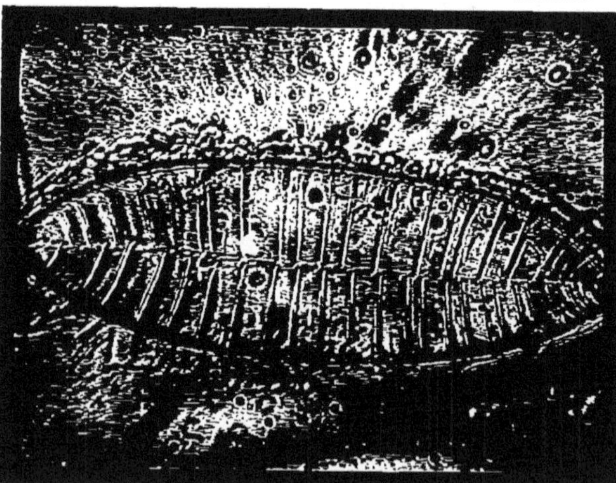

Coquille de Diatomée.

Spécimen grossi 1.200 fois. Les 15 stries que l'on voit entre chaque anneau sont comprises dans 1/1000 de millimètre

UN COIN DU VIEUX CHATEL-GUYON

(Extrait de *Photo-Gazette*.)

Chevaux au galop (reproduction d'un tableau).

dans les arts. Si, à côté de la reproduction d'un tableau représentant des chevaux au galop, on examine la photographie d'une charge de cuirassiers, faite par M. Bellieni, on se figure la révolution que des documents pareils ont dû amener et ont amenée dans l'art de peindre les chevaux en mouvement.

Cl. Bellieni.

S'il y a tant d'amateurs qui ne voyagent jamais sans appareils, c'est que, grâce aux clichés qu'ils rapportent, ils peuvent faire renaître les jours charmants qu'ils ont passé en excursions.

Charge de cuirassiers (d'après une photographie).

Cl. Bellieni.

Cloîtres de la cathédrale de Toul.

La photographie est utilisée aussi au théâtre.

Lorsqu'un directeur vient de monter une pièce et que la répétition générale approche, bien sou-

Cathédrale de Bourges.

vent il invite les journaux à venir prendre des photographies, soit des scènes de la pièce, soit des personnages.

Dans l'un ou l'autre cas, le photographe doit opérer dans des circonstances vraiment extraordinaires ; s'il s'agit de scènes, il s'installe dans la salle, et au beau milieu d'une tirade, sans que personne ne soit prévenu, éclate un éclair de magnésium qui fait sursauter les acteurs... et la représentation continue.

Comme l'on brûle du magnésium, ou plutôt de la poudre de magnésium en quantité, la salle pourrait être envahie par la fumée ; aussi, il a fallu avoir recours à un dispositif spécial.

Une jonque chinoise.

(Extrait de *Photo-Gazette*.)

La poudre se met dans un réservoir ; on l'enflamme soit avec l'électricité, soit avec une

Cri-Cri. — Mlle Mary Hett.   M. Dranem.

(Extrait de la *Revue Théâtrale*.)

capsule ou tout autre dispositif. Dans l'appareil que je vous présente, on emploie un dispositif employé dans des papillottes que l'on appelle cosaques. Au moment où la poudre s'enflamme, les deux côtés du ballon se rabattent en enfermant la fumée ; un aide emporte le ballon fermé et

Jeanne d'Arc, de Chapu.

La Pointe Saint-Eustache.

l'ouvre à l'air, puis vient le re-
charger et le préparer pour une nouvelle opération.

Je m'en voudrais de ne pas vous faire voir
quelques projections d'amateurs qui combattent
pour montrer que la photographie est un art.

J'ai eu dans le temps l'occasion d'employer la
photographie en la truquant, c'est toujours très
grave à dire, mais si nous donnons à la photographie un réel cachet d'authenticité, nous nous
trompons extraordinairement, témoin la projection
que je fais passer devant vos yeux. Cette projection
vous représente l'église Saint-Eustache avec une
foule épaisse faisant des affaires entre cette église et
les Halles. Or, cette photographie qui a l'air d'être
faite entièrement d'une seule opération a exigé onze
photographies pour être exécutée ainsi.

Vous trouvez ici, d'un côté, les photographies
qui ont servi à faire la vue complète et, de l'autre,
cette vue. Il suffit de l'examiner attentivement pour
se rendre compte de l'utilisation de chaque photo-

Clichés ayant servi à la composition de la Pointe Saint-Eustache.

graphie. Les truquages sont basés sur cette loi que les lignes horizontales d'un paysage convergent toutes vers un même point qu'on appelle, en perspective, point principal de fuite. Après avoir fixé ce point principal, si vous tracez deux lignes partant d'un point quelconque du tableau où se trouve un personnage, l'une passant par les pieds, l'autre par la tête, vous aurez obtenu un gabarit. Dès que vous voudrez ajouter un personnage à un point donné, vous menez deux horizontales passant, l'une par le point, l'autre distante de la quantité indiquée par le gabarit, et vous aurez la grandeur moyenne du personnage.

Nous avons vu que la photographie servait à prendre tous les documents et même au besoin elle se sert de téléobjectif, comme pour la vue *Régates de Saint-Malo, au moment du virage,* à deux kilomètres ; dans le fond, la trop célèbre île de Cézembre.

Régates de Saint-Malo.

Aujourd'hui, et je parle de procédés encore inconnus à peu près, on nous promet de faire des photographies à grande distance. Une séance de photographie électrique a été donnée au Musée des Postes, à Berlin, où le professeur Korn, en douze minutes, a reproduit à distance un portrait, comme

le montrent les deux photographies dont je vous donne la projection. D'un côté vous voyez la photographie à reproduire et de l'autre sa reproduction. J'ai eu la chance, en en parlant, d'apprendre que ce procédé allait recevoir une application plus étendue en France. Je vous transmets les explications données.

Le procédé, étudié par M. Belin, est basé sur la sensibilité de la lumière du sélénium. Dans certaines conditions, si l'on prend un noyau creux et que l'on enroule un double fil sur ce noyau, puis que l'on coule du sélénium ayant subi une fusion de vingt heures au moins à 200 degrés, on forme ce que j'appellerai une luminopile, engendrant un courant électrique par la lumière, comme les thermopiles engendrent un courant électrique en présence de la chaleur. Le courant engendré est proportionnel à la lumière reçue. En

« Une pelle. »

(Extrait de *Photo-Gazette*.)

faisant passer devant la luminopile des images plus ou moins lumineuses, on engendre des courants plus ou moins forts, qui seront reçus par un appareil d'induction, lequel donnera des étincelles proportionnelles au courant transmis par des luminopiles. Ces étincelles perceront une feuille de papier interposée entre les pointes réceptrices et une plaque de trous proportionnels à leur intensité. En passant sur cette feuille un rouleau encreur, on obtiendra une image formée de points plus ou moins gros, comme une simili. La machine est en construction, mais déjà on a fait des essais probants, m'a dit l'inventeur, sur une ligne Paris-Marseille et retour.

Que puis-je dire de plus ? Nous nous servons de la photographie dès qu'il s'agit de documents. Les grands de la terre n'y échappent pas, l'objectif inquisiteur n'épargne personne et moi-même afin de donner quelqu'intérêt à ma conférence, j'ai sacrifié à sa puissance.

Tout cela n'a trait qu'à la photographie ordinaire, qui ne serait quand même qu'une simple récréation si, abandonnant les procédés à l'argent, les photographes ne s'étaient adonnés aux procédés dits à l'encre grasse.

La tour Solidor, à Saint-Servan (1).
(Extrait de *Photo-Gazette*.)

Le premier de ces procédés, qui a trouvé une utilisation tout à fait remarquable dans la carte postale, est un procédé lithographique, c'est-à-dire un procédé qui imprime sur à plat, en se basant sur ce que les parties humides refusent l'encre, tandis que les parties sèches l'admettent. Ce procédé est basé sur une observation de Boilvin, laquelle est que les gélatines et autres matières mucilagineuses, mélangées à un bichromate, deviennent absolument insolubles et n'absorbent plus l'eau dès qu'elles sont solarisées. Plus le degré de solarisation est grand, plus ces matières deviennent

---

(1) L'image ci-dessus a été prise du même point que celle de la page suivante, mais avec un téléobjectif. La partie prise est entourée d'un cercle blanc.

réfractaires à l'eau et, par conséquent, elles admettent l'encre. C'est cette propriété qui a été
utilisée dans la phototypie.

La gélatine bichromatée est coulée sur un verre
et exposée à la lumière sous un cliché. Après cette expo-
sition, on la mouille et
on l'encre. Ainsi que
je viens de vous l'expli-
quer, l'en-
cre, se por-
tant sur les
parties sola-
risées et non

La tour Solidor (vue prise à la Vicomté avec objectif ordinaire).
(Extrait de *Photo-Gazette*.)

sur celles qui étaient à l'abri derrière les parties opaques du cliché, il se développe une image formée
par le dépôt des encres grasses et, si l'on fait passer
un papier sur cette plaque gélatinée, l'image se
trouve reportée sur ce papier qui est alors imprimé.

La phototypie peut tirer 6 à 700 épreuves par
jour ; elle est un procédé très flatteur qui, surtout
dans la carte postale et dans les catalogues à petit
nombre, a sa raison d'être. Mais, pour les grands
tirages, ce procédé est assez coûteux et, quand on
veut tirer du texte, comme c'est l'usage dans les
livres, on est obligé de tirer deux fois, les images
d'un côté, le texte de l'autre.

Le second procédé a nom simili, gillotage,
autotypie, phototypogravure.

C'est un procédé ty-
pographique. Lorsque le
sujet à reproduire est
composé de traits, rien
de plus facile, le tout est
d'avoir un collodion qui
ne donne que blanc ou
noir, c'est-à-dire des clichés les plus heurtés possible. Aussitôt le cliché
fait, on le pellicularise ;
pour cela, on verse sur
l'épreuve au collodion,
après séchage, une cou-

Négatif de trait.

che de caoutchouc dissous, puis une seconde couche
de collodion. On coupe la pellicule tout autour à un
centimètre environ du bord du verre, on pose dessus
une feuille de papier mouillé et on en enlève avec une
pointe un coin qui adhère au papier. En tirant celui-
ci, le reste de la pellicule suit en venant adhérer au
papier. On pellicularise pour deux raisons : la première, la plus importante, c'est afin de renverser
l'image (remarquez que le négatif est renversé, si on
le posait sur la plaque tel que, l'image serait droite,
mais en imprimant on aurait, comme
résultat final, une image renversée).

La deuxième raison d'être
de cette opération, c'est que
l'on casserait pas mal de verres
en les serrant contre les plaques
de métal. Sans cela, on pourrait
monter devant l'objectif
un prisme qui opérerait
le renversement sans au-
cune opération.

Positif de trait.

Le cliché étant pellicularisé, on l'étend sur une plaque de zinc préalablement recouverte de bitume. La lumière insolubilise les parties placées derrière les parties claires. On a créé photographiquement une réserve. Il n'y a plus qu'à graver la plaque à l'acide. Cette opération se fait en plusieurs fois ; il est évident que l'acide mordrait aussi bien en largeur qu'en profondeur si, en enduisant successivement les bords, on ne protégeait pas les côtés contre l'acide, et on finirait par voir les traits rongés, aussi on

Prisme.

doit encrer le trait entre chaque morsure et faire couler l'encre en chauffant, afin que les parois ne se rongent pas.

Nous devons ce procédé à un Français, M. Gillot, de là le nom qu'on lui donne encore de *gillotage.* Il était bon et donnait de bons résultats pour les reproductions au trait, mais il s'agissait de trouver le moyen de traduire par blanc et noir des teintes continues. On avait bien employé un papier procédé. Ce papier était enduit de baryte, puis quadrillé en relief. Le haut des reliefs était noir, on avait donc avec lui une planche grainée grise. En dessinant au crayon noir, on faisait des traits plus foncés que le fond et jusque noirs, si on appuyait assez et en grattant avec un canif on donnait des teintes plus claires que le fond et jusqu'au blanc.

Le lion de Belfort, d'après un dessin sur papier procédé Gillot.

Il n'y avait pour dessiner sur papier Gillot que peu de dessinateurs, les autres ne se prêtaient pas à cette manière de dessiner. On se trouvait en face d'œuvres non susceptibles de reproduction, mais des plus intéressantes telles que les œuvres du Salon que la photographie était impuissante à rendre et des photographies d'après nature.

On résolut le problème en intercalant en avant du cliché un réseau. Il était d'abord fait de lignes et on le retournait au milieu de la pose pour obtenir un quadrillé, d'où deux poses et surtout nécessité d'appareils très précis pour que les deux poses correspondent. Il fut ensuite fait en quadrillage. Les réseaux qu'on emploie sont tracés à raison de 30 à 100 lignes au centimètre et sur glace. Ces lignes sont tracées au diamant, puis les creux remplis d'une substance noire et opaque.

Examinons maintenant en détail le rôle de la trame et voyons comment elle arrive à remplir le but que l'on se propose, soit en O un objectif et

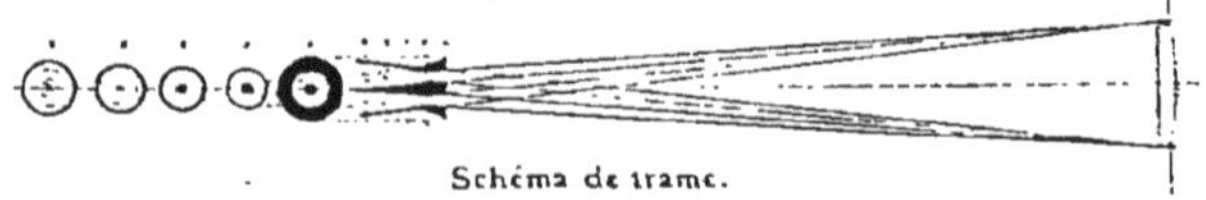
Schéma de trame.

en B un point d'une trame ; ce qui se passera pour un point quelconque, se passera de même pour tous ; il nous suffit donc de n'en considérer qu'un seul.

Le point placé en avant de la plaque sensible embrasse un cône d'ombre dans lequel rien ne sera insolé, et en même temps deux cônes de pénombre dans lesquels la plaque pourra être impressionnée

Cl. P. Rasque.

L'Argentière. (Extrait de *Photo-Gazette*.)

plus ou moins loin, suivant que l'objet est plus ou moins blanc ; enfin, il se produira une zone de pleine lumière qui s'étendra jusqu'à sa rencontre avec les cônes de pénombre engendrés par les autres parties opaques de la trame. Dans le cône d'ombre, quelle que soit la quantité de lumière réfléchie par l'objet, les rayons lumineux n'arriveront pas jusqu'à la plaque sensible.

La pénombre laisse passer d'autant moins de

lumière qu'elle s'approche plus près du cône d'ombre; il s'ensuit que les demi-teintes donneront des points noirs plus ou moins grands, c'est-à-dire que les zones solarisées seront d'autant plus grandes que la teinte grise sera plus claire ou plus actinique.

Toute lumière qui est trop faible pour solariser la plaque dans la pénombre, agira dans la zone en pleine lumière ; enfin viendront les noirs, qui seront reproduits par des noirs purs. On comprendra facilement que la projection de la trame sur la plaque sensible varie avec la distance qui sépare la plaque de la trame.

On obtient un modèle harmonieux quand les deux pénombres sont chacune égales à la largeur du cône d'ombre. Plus près, on grise la reproduction, et si même elle arrive en contact avec la couche sensible, on n'aura plus qu'un quadrillé uniforme ou des grands noirs. Si l'on éloigne la trame, on voit qu'entre chaque croisement des lignes celles-ci se réduisent de largeur; enfin, si l'on continue, elles ne donnent plus qu'un point qui finirait par disparaître si l'on éloignait assez la trame pour que le cliché soit sorti du cône d'ombre.

La sélection se faisant dans les cônes de pénombre, le modelé sera plus accusé à mesure qu'on éloignera la couche sensible de la trame ; cependant il ne faut pas trop l'éloigner, parce que l'on arriverait à des épreuves heurtées et ayant trop d'opposition.

La distance peut atteindre facilement 10 millimètres. Ce n'est donc pas, comme on le croit généralement, en intercalant quelques feuilles de papier que l'on peut la régler. Il faut se servir de porte-trames mobiles. Les opérateurs qui travaillent avec des appareils munis de ces porte-trames ne font pas de calcul et mettent au point la trame de telle façon qu'elle se projette sur le verre dépoli en présentant un aspect spécial qu'il est difficile d'expliquer mais qui est donné par la projection que voici : il donne la bonne distance avec un diaphragme de F/60.

Trame.

Dans les blancs de l'image de la trame, on aperçoit de petites croix noires dont la cause ne s'explique pas, si ce n'est par un phénomène de diffraction. Afin de vous montrer les différentes formes que prennent les points et les quadrillés, j'ai agrandi outre mesure un cliché de simili ; les points sont devenus aussi gros que des petits pois, chacun de vous pourra les voir.

Cliché de simili.

Le bitume demandait trop de temps d'insolation pour faire la réserve. On s'adressa à l'albumine chromatée pour le zinc, puis à la colle de poisson qui jouit en plus de la propriété de s'insolubiliser lorsqu'elle est chromatée, celle de s'émailler quand on la cuit à 400°.

Cette colle sert pour la gravure sur cuivre. Il se forme alors un émail brun qui résiste à l'acide nitrique et au perchlorure de fer. Il

Agrandissement du cliché ci-dessus.

a été tiré parti de cette propriété de la colle de poisson bichromatée de s'émailler au four pour faire de fort jolis émaux sur cuivre, qui ont vraiment un cachet très artistique et une coloration très agréable.

On était donc arrivé à reproduire des demi-teintes. Mais l'appétit vient en mangeant. Non content d'avoir des rendus de noir par des noirs, on voulut aussi avoir des reproductions de couleurs dans leur aspect.

Photographie artistique.

Les plaques photographiques ordinaires voient foncés les rouges et les jaunes, et clairs les bleus, les violets et les ultra-violets, ce qui est éclatant pour notre œil est terne et sombre pour le cliché et vice versa. On étudia tout d'abord le moyen d'avoir des plaques qui rendent l'aspect des objets colorés. Ce problème a été résolu dans les panchromatiques Lumière, les Guilleminot orthochromatiques, les plaques Gem, les plaques préparées au pinachrome ou à l'homocole et les plaques Otto Perrutz. Mais, comme ces plaques ont leur maximum de sensibilité dans le vert, on résoud beaucoup mieux le problème en plaçant un écran jaune devant le cliché. Cet écran éteint les violets, les bleus-rouge et les rouges-bleu, il ramène le reste vers le jaune, maximum de sensibilité des plaques. Mais la pose doit être

ÉTUDE DE FLOU CHROMATIQUE

(Extrait de *Photo-Gazette*.)

augmentée, suivant la force de l'écran, de deux, quatre ou huit fois.

Les écrans jaunes ou verts ont encore une autre raison d'être quand on reproduit des paysages ou bien des tableaux ; il est évident que si l'on fait la photographie d'une masse de verdure en posant trop longtemps, en surexposant, tous les détails des arbres seront rendus. Mais pendant ce temps, les ciels et les parties blanches, tels que des constructions, auront solarisé la par-

Iris photographiés avec plaques ordinaires.

tie de la plaque qui est exposée à leur image. Si l'on pose un écran jaune en avant de l'objectif, il verdira les ciels, jaunira les blancs et comme résultat, ces couleurs actiniques seront retardées et ne se solariseront pas.

La solution de ce problème s'imposait surtout aux photographes, dits en argot de métier *saloniers*, c'està-dire photographiant les toiles des Salons pour les catalogues. Les plaques que j'ai

Iris photographiés avec plaques orthochromatiques.

citées, ainsi que je l'ai vérifié pendant leurs travaux, sont de celles préférées unanimement. Certaines maisons sont fidèles au collodion orthochromatique ; c'est très bon aussi, mais gênant quand on est hors de chez soi ou que l'on n'a pas d'installation comme la maison Braun, qui s'est fait une spécialité et un renom des plus mérités avec ses reproductions dans les musées.

Le petit martyr Narcisius.

Enfin, on étudia le moyen de rendre les couleurs elles-mêmes, et de faire en quelque sorte la reproduction exacte des objets colorés.

Il est nécessaire, là, de donner la théorie que deux Français ont donné les premiers, et qui est une des découvertes les plus intéressantes de la fin du xixe siècle. C'est à Ch. Cros et L. Ducos de Hauron que nous devons le principe de l'antichromatisme des écrans et des pigments par lequel une couleur ou une lumière colorée est absorbée par un écran de couleur complémentaire, c'est-à-dire que cette lumière devient noire.

Cette invention fut accueillie avec un scepticisme à nul autre pareil.

Cros s'était borné, d'ailleurs, à en indiquer la solution théorique, tandis que Ducos de Hauron présentait peu après, à différentes sociétés savantes, les premières images polychromes obtenues par voie d'impression photomécanique, car c'est par les procédés photomé-

caniques que l'on entreprit de résoudre le problème de la chromophotographie.

La Société d'Encouragement pour l'Industrie
Nationale, sur le rapport de M. Da-
vannes, a attribué le prix Gif-
fard à M. Ducos de Hau-
ron, dans sa séance du mois
de Juillet 1897. Il y est
dit : « L'inventeur vint
« trop tôt, car les pro-
« cédés de gravure et de
« lithographie photogra-
« phiques étaient encore
« trop dans l'enfance pour
« qu'on pût utiliser les pro-
« cédés polychromes ; de
« plus, les procédés d'or-
« thochromatisme et de mono-
« chromatisme n'étaient pas en-
« core à point. »

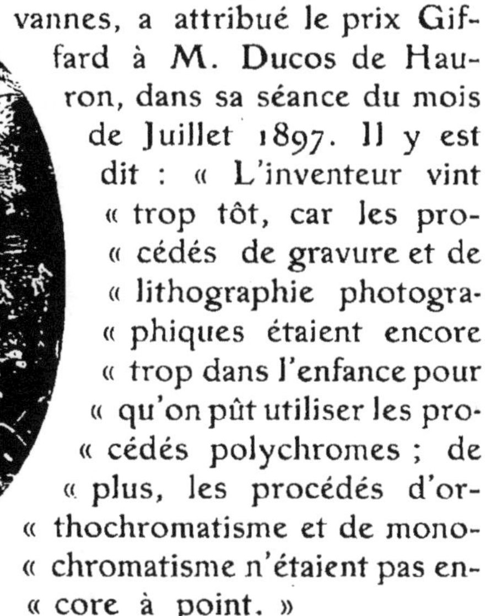

Photographie d'Art.

Jamais inventeur ne se heurta à plus de mau-
vaise volonté, ne fut en butte à plus de sarcasmes,
et si l'on se reportait aux journaux de photographie publiés en 1876, on y verrait que même un de
nos plus distingués professeurs de photographie
écrivait : « Jusqu'à cette heure, rien de probant n'a
« été mis en ma présence, en faveur d'un procédé
« que je ne crains pas de traiter d'utopie jusqu'à
« preuve du contraire ».

Dès que la preuve fut donnée, il s'empressa de
s'attribuer pas mal de choses dans le dit procédé.

Par contre, si les recherches de Ducos de
Hauron et leurs résultats furent mal accueillis, on
ne connaît pas un procédé industriel ou artistique
qui, par la suite, ait servi de tremplin à autant de

gens pour tromper la crédulité de leurs compatriotes.

Le nombre en est incalculable, et, chaque fois, les crédules se sont laissé prendre en quantité suffisante pour que d'autres chevaliers d'industrie recommencent, sous prétexte d'exploiter le procédé, à n'exploiter simplement que la crédulité des gogos.

Pour bien faire comprendre le procédé dit des trois couleurs, il est nécessaire d'entrer dans quelques explications scientifiques qui nous mettront à même de nous rendre compte des résultats.

Si nous prenons la projection du spectre, nous voyons qu'un faisceau de lumière blanche est constitué par un nombre indéfini de lumières diversement colorées.

Mais en fait, toutes les couleurs naturelles ou artificielles peuvent être ramenées à trois couleurs simples : le rouge, le jaune et le bleu.

Photographie du saut périlleux.

Celles-ci, par leur groupement deux à deux, donnent trois autres couleurs dites secondaires : l'orangé, le vert, le violet, et enfin, en les mélangeant en proportions diverses à l'infini, on obtient la variété des couleurs qui frappent nos yeux.

Le blanc est donc la somme de toutes les lumières colorées ajoutées en quantités équivalentes.

De même le noir est le produit de la superposition des trois pigments colorants au maximum. Si les trois pigments se trouvent superposés en quantité équivalente mais en moindre proportion, on a la série des gris neutres.

J'appelle l'attention sur ce point qu'il faut, pour obtenir des noirs ou des tons neutres, que les pigments soient bien complémentaires, trois par trois, et, en second lieu, qu'ils soient de même puissance colorante. Le problème consistait donc à trouver, tout d'abord, ces pigments complémentaires de même puissance.

J'ajouterai en plus qu'on devait employer des encres résistantes à la lumière.

J'en étais là de mes études et de mes recherches lorsque je fis la connaissance de M. Rosensthiel. La question l'intéressait puisqu'il s'était souvent occupé de question de couleurs. Il eut la complaisance de me mettre au courant de ses travaux et surtout d'un petit appareil qu'il a appelé la balance des couleurs et

Balance des couleurs.

qui sert à les étudier par deux au point de vue de leur mélange, tant pour la dégradation des couleurs complémentaires que de l'intensité de ces couleurs.

Cet appareil se compose d'un axe horizontal dont on ne voit que l'extrémité dans la figure. Sur la partie antérieure de cet axe se fixent des disques et des secteurs qui sont tous percés à leur centre. Les secteurs fixés sur cet axe tournent au milieu d'un trou circulaire pratiqué dans une caisse pour que la cavité paraisse la plus noire possible, la paroi de la caisse a été garnie de velours noir. Toutes les parties métalliques qui la traversent sont également noircies. Autour du trou circulaire, est placé un cercle métallique divisé en degrés. Comme complément d'outillage on a un emporte-pièce qui peut faire des disques fendus, lesquels peuvent se placer l'un contre l'autre et glisser l'un dans l'autre. Supposons deux disques de deux couleurs complémentaires. On commence par les superposer de manière à donner l'égalité, puis, après les avoir placés sur l'axe, on fait tourner celui-ci. Il arrive que l'on a une couleur, comme dans le disque de Newton, composé du mélange des deux.

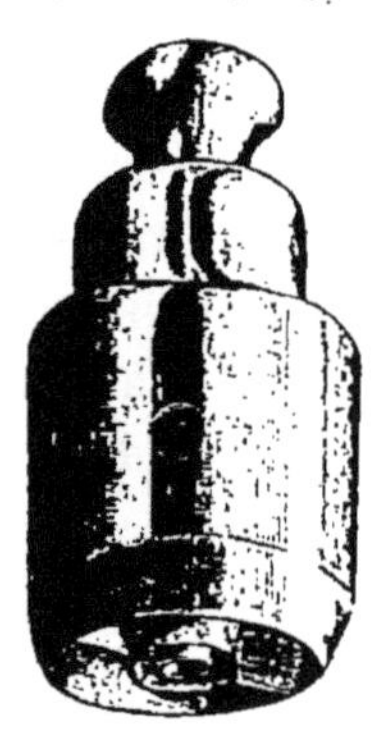

Emporte-pièce.

Si je m'aperçois que l'une des couleurs est dominante je fais disparaître en partie son secteur sous celui de l'autre couleur et cela jusqu'à ce que j'obtienne le gris neutre. A ce moment, je n'aurai, grâce au cercle gradué, qu'à lire le nombre de degrés occupés par chaque teinte. Cela me donnera le rapport de l'intensité des couleurs.

Si, malgré tout, je n'obtenais que des gris teintés — et dans ce cas ce ne sera pas une des deux couleurs du disque qui restera dominante mais une des composantes de ces couleurs — je devrais virer l'un des deux tons jusqu'à ce que j'arrive à avoir deux complémentaires et que j'obtienne comme précédemment le gris neutre.

Ceci fait, je puis me rendre compte de l'intensité des pigments colorés. Pour y arriver je place un autre secteur en papier blanc qui déborde les deux teintes ainsi que l'indique l'image. En faisant tourner le papier blanc, je donne une teinte grise sur le cercle percé dans la caisse, qui est noir. Lorsque le deux gris sont égaux en intensité, je n'ai qu'à lire le nombre de degrés occupés par le secteur blanc, il me donne l'intensité du gris par rapport au noir.

Ce petit appareil m'a rendu des plus grands services. Il m'a mis à même de choisir les couleurs de manière à n'en avoir aucune qui soit plus puissante que les autres et de manière à ce que, mélangées par trois, en quantité égale, elles donnent le gris neutre. Autrement dit, j'ai pu, avec lui, étudier et établir les trois pigments qui pouvaient me donner les résultats ; aussi je me fais un plaisir de rendre hommage aux travaux si utiles et si pratiques de M. Rosensthiel et de profiter de ma conférence pour lui adresser publiquement tous mes remerciements pour l'aide qu'il m'a apportée.

Dans cet appareil, nous pouvons nous rendre compte du troisième principe qui a mené à la photographie en couleurs ; le voici :

La lumière diffusée par un corps opaque coloré n'est jamais une lumière simple. De ce qu'un corps paraît rouge ou jaune, il ne faudrait pas en conclure que ce corps ne vous envoie que des radiations rouges ou jaunes ; chacun de ces corps vous envoie généralement toutes sortes de rayons colorés, mais les rayons rouges et les rayons jaunes étant plus intenses, nous font dire que l'objet est rouge ou jaune. Ce sont, cependant, les autres rayons dont l'influence est incontestable qui produisent d'infinies variations de nuances que l'on constate sur un objet déterminé.

C'est la loi que Maxvel avait énoncée de la manière suivante : par le mélange, en certaines proportions, de trois couleurs convenablement choisies, dites couleurs fondamentales, on peut à volonté reproduire, non pas au sens exact du mot, toutes autres couleurs, mais, du moins, produire une nuance dont l'effet sur l'œil soit identique.

Aquarium.

Les trois couleurs existent partout. L'ensemble provient de leur combinaison. Si je puis m'exprimer ainsi, dans la reproduction des trois couleurs, toujours on a une couleur dominante, une deuxième couleur modifiante et une troisième couleur de rabattement des deux autres.

Dans le cas où l'on agit par addition de pigment, les nuances composées les plus franches se réaliseront en utilisant comme pigment trois couleurs fondamentales : le bleu, le rouge et le jaune. Ce sont les couleurs primaires de Newton, de Chevreul.

Le bleu doit être choisi plutôt verdâtre, car un autre bleu ne peut fournir que des verts assombris ; cette nuance du bleu commande la nuance des deux autres couleurs.

Ces couleurs étant choisies, il s'agit de faire ce que j'appellerai le filtrage des teintes correspondant, pour chacun des trois clichés, à une des couleurs fondamentales dont la synthèse nous restituera une coloration identique.

Ce filtrage s'effectue automatiquement au moyen de trois écrans colorés, au travers desquels seront prises successivement trois photographies du modèle à reproduire.

Tonneau de Frühinsholz, sculpture de Gallé.

Chacun des écrans, dans la reconstitution des couleurs par addition, devra absorber, à l'exclusion de tout autre, toute radiation qui constitue l'une de ces lumières colorées fondamentales, mais il devra absorber cette radiation, même lorsqu'elle est mélangée à d'autres.

En vertu du principe d'antichromatisme énoncé par Ducos de Hauron, ce seront des écrans colorés orangé, vert et violet que nous devrons utiliser au filtrage des couleurs.

Ces écrans, bien entendu, seront complémentaires chacun à chacune des trois couleurs pigmentaires.

Après les avoir établis suivant les principes ci-dessus énoncés, si l'on commence par se servir de l'écran vert, tous les objets, à l'exclusion des objets noirs et des objets rouges ou de nuances voisines, renverront à la plaque sensible des radiations actiniques.

Le noir n'envoie aucune radiation, le rouge et le vert étant deux couleurs complémentaires, les rayons rouges sont absorbés et n'envoient aucune radiation. Dans ces conditions, les plaques sensibles exposées dans l'appareil photographique sous le filtre vert représentent, par des rayons plus ou moins opaques, tous les objets blancs ou de couleur autre que le

Case canaque. — Vue prise aux environs de Nouméa (Nouvelle-Calédonie).
(Extrait de Photo-Gazette).

rouge, et, au contraire, par des régions transparentes, tous les objets rouges ou noirs. Il en sera de même des objets bleus ou noirs quand on emploie des filtres orangés, des régions jaunes ou noires quand on emploie des filtres violets.

L'opération est tout à fait facilitée si avec des filtres verts on emploie des plaques sensibles au vert, avec des filtres violets des plaques sensibles au violet et avec des filtres orangés, des plaques sensibles au jaune et au rouge.

Nous avons dit que dans la photographie des noirs ou monochromes, les trames créent des points en relief, plus ou moins forts, suivant que les noirs ou les gris sont plus ou moins accentués. Comme nous avons rendu successivement noire par absorption l'une des trois couleurs, ces trois couleurs sont rendues dans les clichés typographiques par des reliefs plus ou moins forts, selon l'intensité de la couleur absorbée.

Il n'y aura donc, en photogravure, pour rendre les différentes sélections de couleurs, qu'à imprimer avec les complémentaires des écrans, pour rendre celles analysées dans l'objet à reproduire.

Les filtres ou écrans colorés doivent être : soit des cuves de glace ou vases à parois parallèles renfermant des solutions colorées convenables ; soit des pellicules colorées à la masse, que l'on place derrière l'objectif, et qui, pour cela, sont placées entre deux glaces taillées optiquement ; soit des

L'écran derrière l'objectif.

plaques de la grandeur du cliché à exécuter, celles-ci sont placées contre le cliché, ce qui empêche que les imperfections dans le parallélisme de ces plaques influe sur la grandeur des clichés.

Les pigments sont choisis. Les écrans sont prêts. Il y a un troisième élément de la solution du problème qui se présente. C'est le choix de la plaque photographique.

Supposons, pour préciser, que j'aie mis l'écran vert ; le rouge a été absorbé, mais si j'ai une plaque photographique qui n'est pas du tout sensible au jaune, le jaune se traduira exactement par un noir, comme s'il était absorbé, tandis que le bleu se traduira par du blanc et, en imprimant en rouge, nous absorberons dans la reproduction les couleurs de jaune. Les plaques doivent donc être choisies de telle façon qu'elles soient sensibles aux couleurs traversées par l'écran, c'est-à-dire les plaques de l'écran rouge orangé doivent être sensibles au rouge et au jaune, les plaques de l'écran vert sensibles au jaune et bleu, celles de violet au bleu et rouge.

Pour les plaques servant à l'écran rouge, on

Cl. Stein-Lux.

Le Jiu-Jitsu. — Scène finale

(Extrait de la *Revue Théâtrale.*)

peut employer des plaques Lumière et Jougla, qui sont toutes préparées. D'un autre côté, la maison Meister Lucius a présenté des produits tels que le pinachrome et le pinacyanol. La maison Bayer a présenté l'homocol. Ces produits permettent de sensibiliser les plaques ordinaires et de leur donner le maximum de sensibilité pour la région du rouge au jaune.

Les maisons Lumière, Guilleminot donnent des plaques sensibles au vert qui servent quand on emploie l'écran vert. Les plaques ordinaires s'emploient avec l'écran violet.

Enfin, des recherches ont été faites, en vue d'obtenir des plaques panchromatiques, c'est-à-dire également sensibles à toutes les couleurs. Ce serait le mieux, surtout pour les appareils destinés à être déplacés. Dans ces sortes de plaques, j'ai employé avec de très bons résultats les plaques Gem, vendues sous le nom de Tricol. Elles sont anglaises. Le docteur Albert, de Munich, vend un collodion que l'on sensibilise en y versant des produits dont il garde le secret. Je ne puis donc rien en dire, si ce n'est qu'elles donnent de très bons résultats. Elles sont moins intéressantes pour les amateurs que les plaques sèches.

Appareil d'agrandissement par la projection.

Grâce à la combinaison du système d'écrans et

plaques et de pigments, on arrive, en imprimant les couleurs les unes sur les autres, à reproduire, par la photographie en couleurs, toutes les choses inanimées, telles que paysages, tableaux, affiches. Pour celles-ci, on est obligé d'employer des appareils de grandes dimensions.

On s'est préoccupé de faire la reproduction des êtres animés. Là se posait un autre problème. C'était de prendre en même temps les trois monochromes. Les appareils pouvant donner cette solution ont été l'objet de nombreuses recherches.

Nous écarterons tout d'abord ceux basés sur l'emploi de plusieurs objectifs ; tout le monde sait, en effet, que les objectifs placés à côté l'un de l'autre

Chambre de 130×90.

voient différemment, de même que nos deux yeux, c'est-à-dire que ces objectifs donnent des images qui ne sont pas superposables.

La question se présentait donc de recevoir les images avec un seul objectif et de créer un dispositif qui permette de donner plusieurs images avec cet unique objectif. M. Nachet crut l'avoir résolu en employant des miroirs platinés. Ceux-ci ont, en effet, la propriété de réfléchir une partie des rayons et de se laisser traverser par l'autre partie. Le système basé sur cette propriété se composait : 1° d'un objectif ;

Chromoscope Nachet.

2° de deux miroirs platinés placés à 45° sur l'axe de l'objectif, le premier dans un sens, le second dans un autre. Le premier miroir réfléchissait une partie des rayons vers la droite, où ils étaient reçus par une plaque sensible en avant de laquelle était placé l'écran rouge. Le second réfléchissait vers la gauche une partie des rayons ayant déjà traversé le premier miroir et les renvoyait sur une plaque sensible en avant de laquelle était interposé un écran de couleur verte ; enfin, les rayons, après avoir traversé les deux miroirs de platine, étaient reçus sur une plaque en avant de laquelle se trouvait un écran bleu.

On avait ainsi les trois images primaires du bleu, du rouge et du jaune. Tout semblait aller pour le mieux, mais on se buta à une difficulté à laquelle on n'avait pas songé. Les deux miroirs réfléchissaient chacun, tant sur la face d'avant que sur celle d'arrière, deux images ; il arrivait que l'on avait presque toujours un doublé sur chacune des deux premières plaques. Ce doublé était d'autant plus apparent que les deux miroirs étaient plus épais. D'un autre côté, la nécessité de donner aux miroirs une certaine épaisseur pour pouvoir les platiner sans qu'ils se déforment empêchait de rendre ce doublé inappréciable.

Cette difficulté empêcha de tirer parti de l'appareil que M. Nachet avait inventé. Mais celui-ci, infatigable travailleur, ne se déclara pas vaincu par elle et tâcha de la tourner. Au bout de quelque temps,

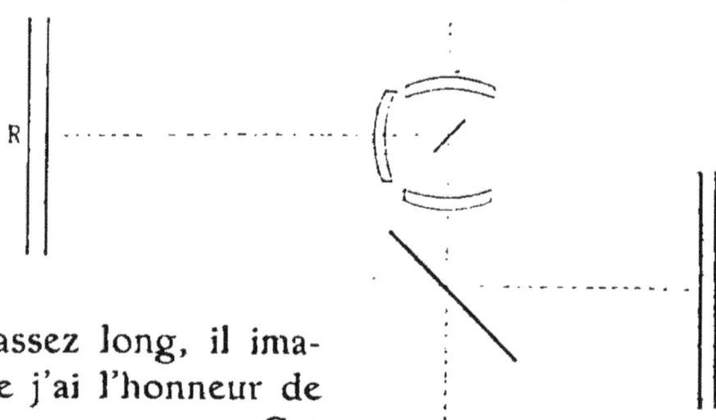

même un temps assez long, il imagina l'appareil que j'ai l'honneur de vous présenter en son nom. Cet appareil comprend un objectif spécial composé d'une lentille d'avant et de deux lentilles identiques placées perpendiculairement l'une à l'autre. Les rayons lumineux recueillis par la première lentille et formant un cône lumineux rencontrent au centre, en avant du point nodal, un petit miroir argenté qui réfléchit la partie centrale du cône de lumière vers la lentille placée parallèlement à l'axe, tandis que la partie annulaire vient rencontrer la lentille perpendiculaire à l'axe de l'objectif.

Il en résulte que nous obtenons deux images, et j'appelle l'attention sur ce point que les deux images sont complètes. Le cône central est réfléchi sur la plaque sensible en avant de laquelle se trouve un écran vert. On obtient donc en quatre le cliché de l'image rouge. Le cône annulaire rencontre un miroir rouge qu'il traverse pour aller former en arrière et dans l'axe de l'objectif l'image du bleu. Ce miroir qui, pour l'image du bleu, fait fonction d'écran rouge, est placé à 45° ; il réfléchit une petite partie de la lumière en J où se trouve une plaque. Elle donnera ainsi l'image jaune.

Ici devait se présenter la même difficulté due à la réflexion double d'avant et d'arrière du miroir, mais les rayons réfléchis par la surface rouge se trouvent annihilés ou plutôt absorbés par l'écran bleu qui est complémentaire.

Reste à donner les petits détails qui ont rendu la chambre pratique.

1° La mise au point se fait automatiquement pour les trois clichés ensemble dès qu'on en met un au point. Ceci est obtenu grâce à un système de bielles fixées d'un côté à un cercle par des tourillons excentrés de quantités égales et, à l'autre bout, par des tourillons fixés à chacun des cadres des trois châssis. Il est facile de comprendre que, grâce à ce système, les trois châssis se meuvent de la même quantité dès que, à l'aide d'une manette, on fait tourner le couvercle.

2° Pour arriver à une mise au point correcte et à un repérage parfait, il a été réservé entre le cadre contenant le châssis et celui auquel est fixé le tourillon, une coulisse qui permet d'éloigner ou de resserrer le plan de la plaque de l'axe du tourillon, ce qui permet le réglage de l'appareil.

Photographie d'art.

Les deux châssis sont reliés entre eux par un petit soufflet et se fixent l'un à l'autre par des barrettes en laiton. Il est inutile de dire que les différentes réflexions et la place des écrans ont été choisies pour que la lumière rouge soit inversement proportionnelle à l'actinisme provenant des dits écrans, et il est évident que grâce aux deux écrans interposés en J et en R on peut modifier le

La Bièvre au Marais de Berny.

temps de pose pour l'identifier dans les trois images.

Ce réglage peut même se varier suivant les différences d'actinisme dans les plaques.

J'ai terminé ce qui a trait à l'illustration du livre. Je tiens, à titre d'Administrateur de la revue *Photo-Gazette*, journal des amateurs photographes, à ajouter quelque chose et quelques renseignements qui puissent les intéresser. Les voilà fournis d'un appareil Nachet, mis à même de faire les négatifs. Que voulez-vous qu'un amateur fasse de tout cela, puisqu'il ne peut tirer parti de ce travail qu'avec une machine à imprimer, chose qu'il ne prendra jamais. Eh bien, on s'est préoccupé de faire des positifs en couleurs, comme on fait des positifs en noir, bien entendu avec les trois clichés permettant de superposer trois positifs en couleurs. On a trouvé trois méthodes : la première qui se présentait à l'esprit était la méthode qui consistait à employer des papiers au charbon. Elle a donné de très beaux résultats, mais elle était difficile à obtenir, parce que les trois couleurs étaient étendues sur trois papiers différents.

M. Vaucamps, aidé par la maison Calmels, a entrepris de faire un papier mixtionné trichrome, c'est-à-dire que sur la même feuille il étendit les trois pigments ; coulés en même temps, ces trois pigments présentent une épaisseur indentique, couchés sur la même feuille et sensibilisés de même, ils présenteront des distensions identiques. De cette façon a été résolu le repérage des trois couleurs l'une sur l'autre. Le transfert peut se faire soit sur du papier et donner ainsi une image qui, encadrée, donne l'impression d'un tableau, soit sur des verres et donner des images par projection telles que celles que nous allons faire passer devant vos yeux.

La seconde méthode a été étudiée par la maison Meister Lucius. Cette maison a créé un procédé basé sur la propriété dont j'ai parlé à propos de la phototypie. Prenons trois plaques de verre sur lesquelles on a coulé de la gélatine. Si l'on trempe ces plaques dans une solution de 2 °/₀ de bichromate de potassium et qu'on les fasse sécher, elles seront rendues sensibles à la lumière. La gélatine deviendra plus ou moins réfractaire à l'eau suivant qu'elle aura été plus ou moins insolée, c'est-à-dire

Cl. LEMOINE.

Photographie d'art.

suivant qu'elle aura été placée sous des parties du cliché plus ou moins transparentes. Il ne reste plus qu'à tremper les plaques dans des solutions correspondant pour chacune à la couleur complémentaire de l'écran interposé devant le cliché qui a servi au tirage de cette plaque. Ceci fait, on prend une feuille de papier gé-latiné (dit papier à transfert), on la maintient dans l'eau jusqu'à ce qu'elle soit bien distendue. On glisse alors dans l'eau la plaque colorée en bleu et sous l'eau on la met en contact, couche contre couche, avec le papier gélatiné ; on retire le tout, on pose dessus une plaque en celluloïde et on les fait adhérer l'une contre l'autre avec une râclette en caoutchouc. Puis, on les laisse en contact dix minutes, en maintenant une légère pression sur le tout.

On prend ensuite la planche colorée en rouge, c'est-à-dire celle obtenue avec l'écran vert, on opère alors avec le papier déjà mixtionné en bleu comme on a opéré avec la solution bleue en ayant soin de faire repérer le papier par transparence. On opère de même pour le décalque du mono-

Menu

chrôme jauné sur le papiér déjà mixtionné en bleu et rouge.

Puis, l'épreuve étant complète, on la fixe dans une solution d'alun et de sulfate de cuivre. J'ai fait disposer sur une table les résultats obtenus afin que les personnes que cela intéresse puissent s'en rendre compte.

La troisième manière est tout au moins aussi simple. Vous prenez du papier au férrocyanure; vous l'exposez derrière le cliché de bleu que vous avez obtenu, et vous obtenez une première image rendant le bleu.

(Extrait de *Phot-Gazette*).

Après l'avoir bien lavée, vous passez avec une brosse une couche de bichromate. Vous faites sécher et vous exposez à la lumière une seconde feuille de papier, mais en mettant le cliché du jaune obtenu avec l'écran violet. Pour repérer, il suffit simplement de faire le cliché sur la feuille de papier en le faisant coïncider, ce qui est facile si l'on opère par transparence. Après insolation, on fait passer le papier dans du lactate de plomb et on le lave.

Reste la couleur rouge. On l'obtient avec des dérivés sulfités de toluïdine mélangés avec de la naphtilamine. La lumière amène une réaction entre les deux produits et en lavant une dernière fois le papier on obtient l'image rouge qui est superposée aux deux autres et complète la reproduction des couleurs. Je n'ai pas donné de suite le nom du produit afin de ne pas être arrêté trop longtemps dans mes explications par la difficulté de l'énoncer clairement : c'est le tétrazotoluisulfite de sodium.

Le second, c'est le naphtylamine étherchlorhydrate.

Maintenant, je souhaite qu'après toutes ces explications, mes auditeurs réussissent à faire les trois couleurs. Il me sera, du reste, très agréable d'apprendre que ma conférence a eu pour résultat de former de nouveaux adeptes à ce beau procédé que je viens de vous décrire ; si, par hasard, quelques-uns de mes auditeurs n'obtenaient pas les résultats qu'ils pourraient espérer, je serais à leur disposition pour leur donner quelques conseils.

PER ARDUA VIRTUS